MADRID 2025

COLECCIÓN CUADERNOS DE APUNTES
SERIE INFORMES DE ÉXITOS

Laboratorios Rovi
Dirección Comercial y de Ventas

Jesús Sánchez Cotobal

COLECCIÓN CUADERNOS DE APUNTES

SERIE INFORMES DE ÉXITOS

Director
Zulema Calderón Corredor

Comité científico asesor
Antonio Martínez Santos
Begoña Rodríguez Díaz
Noelia Valle Benítez
Juan Carlos Gómez Alonso
Fidel Luis Rodríguez Legendre

© 2025   Jesús Sánchez Cotobal
© 2025   Editorial UFV
              Universidad Francisco de Vitoria
              Crta. Pozuelo-Majadahonda, km 1,800. 28223 Pozuelo de Alarcón (Madrid)
              editorial@ufv.es

Primera edición: noviembre de 2025
ISBN edición impresa: 979-13-87731-32-8
ISBN edición digital: 979-13-87731-33-5

Depósito legal: M-25844-2025

ÍNDICE

1 Introducción

Para introducir este trabajo de análisis de Laboratorios ROVI en el ámbito de Dirección Comercial y Ventas, es fundamental establecer el contexto en el cual se desarrollan sus estrategias y prácticas comerciales. El proyecto abarca un análisis exhaustivo de su estructura organizativa, incluyendo las Unidades de Negocio de Clientes (CBUs) y Unidades de División de Negocios (BDUs), enfocadas en la segmentación por clientes y la diversificación de ingresos.

El estudio detalla los canales de distribución de ROVI, destacando el uso de venta directa y canales largos a través de mayoristas como Cofares, y explora sus estrategias de precios y márgenes para maximizar rentabilidad y alcance. Asimismo, se analizan aspectos clave de su cartera de clientes, segmentación homogénea y estrategias de fidelización, junto con su integración de tecnologías como e- logistics para optimizar la cadena de suministro.

Otro punto central del análisis es la evaluación de las estrategias comerciales y de ventas, que considera sistemas de remuneración, incluyendo la implementación de modelos de compensación efectivos para motivar a su fuerza de ventas. Se exploran las ventajas y desventajas de estas estrategias, con una perspectiva crítica para identificar áreas de mejora y proponer prácticas óptimas.

Con este trabajo, buscamos proporcionar una visión integral de las acciones comerciales de ROVI, identificando las fortalezas que puede potenciar, así como las oportunidades para innovar y crecer en un mercado altamente competitivo y regulado.

2 Análisis de la empresa

2.1 Negocio y estrategia

Estructura Organizativa: CBU'S Y BDU'S

CBUs (*Customer Business Units*): Segmentan el mercado por regiones y tipo de cliente, enfocándose en clientes clave (médicos, hospitales, farmacias). En mercados consolidados como España y Portugal, se centran en mantener su cuota, mientras que en mercados emergentes como América Latina, sacrifican márgenes a corto plazo para ganar cuota de mercado.

BDUs *(Business Division Units):* Incluyen divisiones estratégicas como Especialidades Farmacéuticas, Investigación y Desarrollo (I+D), y Fabricación a Terceros. Estas unidades tienen objetivos de crecimiento específicos y contribuyen a diversificar los ingresos. Por ejemplo, la fabricación a terceros representa una fuente significativa de ingresos y ayuda a equilibrar la rentabilidad de la empresa.

2.2 Cadena de Valor

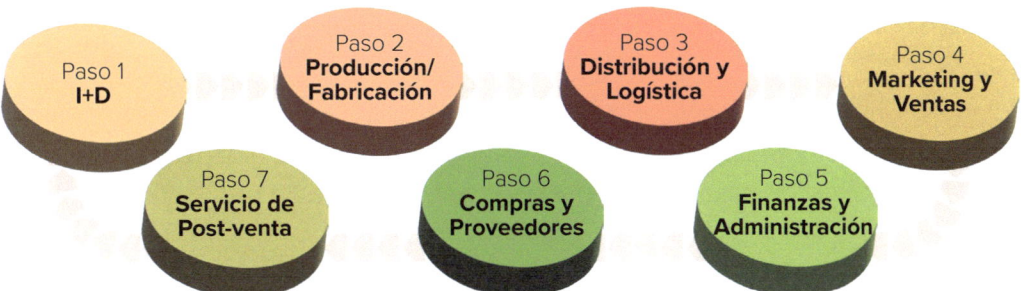

La cadena de valor de ROVI comprende varias áreas clave con porcentajes estimados de costos::

- **Investigación y Desarrollo (I+D):** Representa el 25-30% de los costes, siendo un área de alta inversión.
- **Producción/Fabricación:** Ocupa entre el 30-35% de los costes debido al mantenimiento de equipos y la gestión de procesos.
- **Distribución y Logística:** Representa entre 10-15% de los costes, con una gran parte externalizada para reducir costos.
- **Marketing y Ventas:** Entre 10-15% de los costes, cubriendo campañas publicitarias y gestión de clientes.
- **Finanzas y Administración:** 10-12% de los costes, asociados a funciones administrativas.
- **Compras y Proveedores:** 5-10% de los costes.
- **Servicio Post-Venta:** 3-5% de los costes, centrado en la atención al cliente y seguimiento post- venta.

2.3 Canales de Distribución

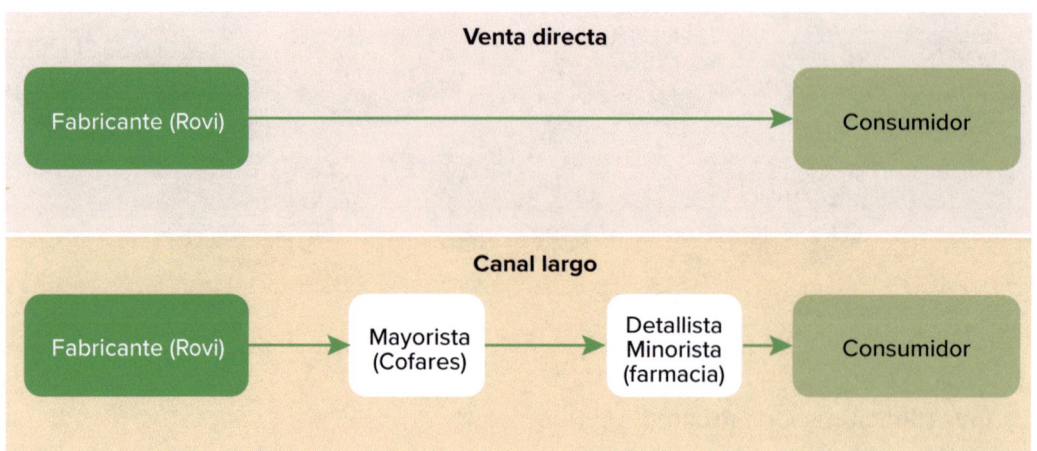

Canales de Distribución

ROVI emplea dos canales de distribución:

- Ξ Venta Directa: Permite el control directo y reduce costos al eliminar intermediarios, ideal para productos con mayor margen de beneficio.
- Ξ Canal Largo: A través de mayoristas como Cofares y farmacias, logrando un amplio alcance geográfico y eficiencia logística. Este canal es clave para la penetración en el mercado, cubriendo el 95% de las farmacias en España.

Cada canal ofrece ventajas distintas, y ROVI equilibra su uso según el tipo de producto y mercado. En términos de longitud del canal, el canal largo involucra mayoristas y detallistas, aumentando la cobertura pero también los costos operativos. En contraste, el canal corto se utiliza para productos que requieren inmediatez, como las recetas electrónicas.

2.4 Clientes y Estrategia de Consumo

2.4.1 Características del Cliente Rentable

Un cliente rentable para ROVI tiene estas características:

- ☰ Calidad de Consumo: Compras estructuradas y packs que optimizan inventarios y economías de escala. Los mayoristas y hospitales realizan compras de gran volumen para satisfacer la demanda.
- ☰ Equilibrio: Contratos a largo plazo que aseguran compras recurrentes y minimizan la tasa de abandono *(churn rate)*.
- ☰ Rentabilidad: ROVI ofrece descuentos por volumen y rappeles para incentivar grandes pedidos.

2.4.2 Cartera de Clientes y Segmentación

ROVI clasifica a sus clientes en:

- ☰ Cliente Real: Incluye farmacias, hospitales y mayoristas, con quienes mantiene relaciones sólidas mediante geomarketing y minería de datos.
- ☰ Cliente Potencial: Son aquellos que actualmente compran a la competencia y que podrían ser captados por ROVI mediante productos diferenciados como Okedi®.

ROVI utiliza una segmentación homogénea (CBUs en mercados específicos) y clústeres de clientes para agrupar a aquellos que compran el mismo producto sin importar el territorio. Estos clústeres permiten personalizar la oferta y adaptarla a las necesidades de cada mercado.

2.5 Precios y Márgenes

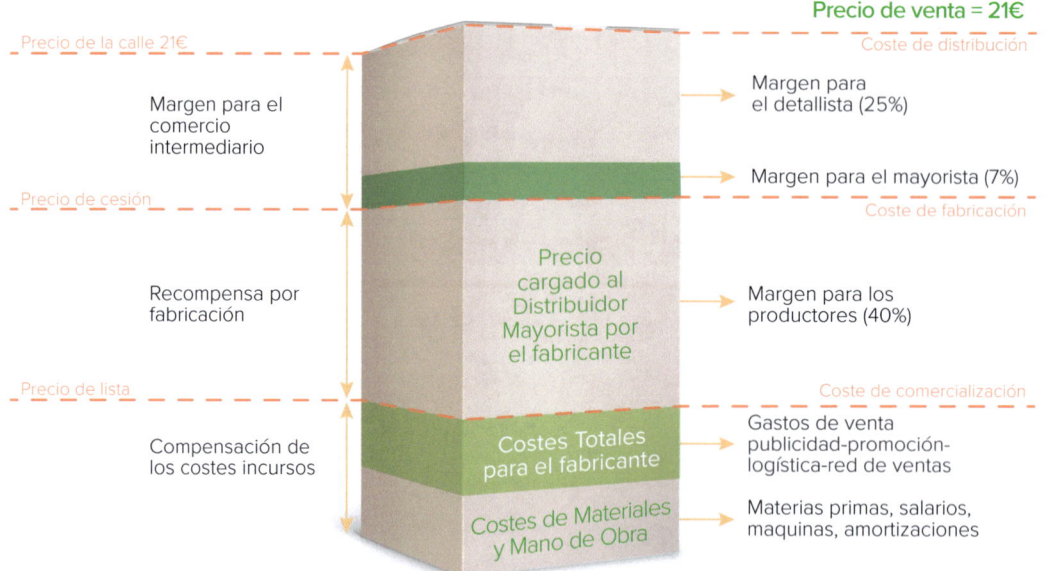

ROVI emplea una estrategia de fijación de precios que le permite mantener el control sobre la fabricación mientras externaliza la distribución, lo que reduce costos estructurales. La estructura de precios incluye:

1. **Precio de Calle:** Es el precio de venta final.
2. **Margen del Minorista:** Un 25% del precio de calle es el margen de los minoristas.
3. **Margen del Mayorista:** Alrededor del 7% del precio de calle.
4. **Precio de Cesión:** Precio que paga Moderna a ROVI por productos como la vacuna, que incluye los costes de fabricación más el margen de los productores.

2.6 E-Logistics

El e-logistics se refiere a la externalización y digitalización de los procesos logísticos a través de plataformas tecnológicas, lo que permite a las empresas gestionar de manera eficiente la cadena de suministro, reducir costos estructurales y mejorar la agilidad operativa. Mientras que la logística tradicional se refiere a la planificación y gestión del transporte, almacenamiento y distribución de productos de manera física. El e-Logistics utiliza tecnología y herramientas digitales para optimizar estos procesos, facilitando la gestión de envíos y datos en tiempo real a través de plataformas online.

ROVI utiliza e-logistics para digitalizar y externalizar procesos logísticos, reduciendo costos y optimizando la cadena de suministro. Este sistema facilita la trazabilidad de productos y mejora la eficiencia en la gestión de envíos y datos en tiempo real.

2.7 Evaluación de Desempeño y Estrategias Comerciales

2.7.1   Ventajas

≡ Diversificación en canales de distribución que permite una cobertura amplia y control directo en productos clave.

≡ Enfoque en productos estratégicos y promocionales para fortalecer su posición en mercados de alto valor y ganar cuota en mercados emergentes.

≡ Programas de fidelización y relación con clientes clave (mayoristas y hospitales) que incluyen incentivos y colaboración en investigación clínica.

2.7.2   Desventajas

≡ Dependencia en mayoristas, lo que limita el control directo sobre el cliente final.

≡ Competencia intensa de grandes laboratorios y críticas por falta de modernización en algunos procesos.

≡ Altos costos regulatorios en la industria farmacéutica que afectan la rentabilidad.

2.8 Críticas y Productos No Comercializados Eficazmente

Competidores como Grifols y CZ Vaccines han mostrado enfoques superiores en áreas clave, como la personalización de ventas y el uso de CRM. Además, algunos productos de ROVI no han alcanzado las cuotas de mercado esperadas en mercados internacionales debido a la competencia y a las barreras regulatorias.

2.9   Resumen presentaciones anteriores:

Este análisis comparativo de las estrategias de distribución, organización y fuerza de ventas de MAPFRE, Telefónica y Universal Music Group (UMG) ofrece una visión valiosa que ROVI podría aprovechar para fortalecer su estructura organizativa y optimizar su estrategia comercial.

1. **Estrategia de Distribución y Organización:** MAPFRE implementa una combinación de canales de distribución directa e intermediarios, manteniendo una estructura organizativa centrada en CBUs *(Customer Business Units)* y BDUs *(Business Development Units)* que cubren diversos segmentos de clientes y productos. Esta configuración asegura una respuesta ágil y precisa a las distintas necesidades del mercado. Telefónica también opera con una estructura segmentada, que optimiza sus recursos y maximiza su cuota de mercado al adaptarse a distintos segmentos y territorios. En un enfoque similar, UMG asigna equipos específicos para cada género musical y región geográfica, logrando así una promoción personalizada de artistas y una mejor respuesta a las preferencias locales. Para ROVI, estos modelos podrían inspirar una estructura segmentada que permita una atención más personalizada y eficaz en cada mercado clave.

2. **Fuerza de Ventas y Control de Mercado:** MAPFRE enfatiza la formación constante de su fuerza de ventas y su cercanía con el cliente, logrando una relación que facilita la gestión eficaz de grandes cuentas y una visión clara para evitar errores estratégicos comunes (como se menciona en sus "pecados capitales de la venta"). Por su parte, Telefónica implementa un sistema de cuotas de ventas, además de emplear estrategias del libro *Gigantes de la Venta*, con un enfoque en la captación y fidelización de clientes a través de ventas relacionales. UMG realiza estudios de rutas para optimizar la eficiencia de su fuerza de ventas, adaptando sus visitas a tiendas, plataformas y eventos según el área geográfica. Este enfoque detallado de control y segmentación de la fuerza de ventas es una oportunidad para ROVI, que podría implementar estrategias similares para maximizar el impacto de sus visitas comerciales en cada territorio.

3. **Uso de Tecnología y Personalización:** MAPFRE ha integrado tecnología avanzada, como CRM y e-business, para optimizar la cadena de valor y adaptar sus servicios a las necesidades locales. Telefónica, a su vez, utiliza herramientas de digitalización e IA, especialmente en su paquete Movistar Fusión, permitiendo recomendaciones personalizadas y servicios integrados. En el caso de UMG, la digitalización es fundamental para la explotación de contenidos en plataformas de streaming, ofreciendo una experiencia adaptada a las demandas actuales del mercado musical. Estas iniciativas tecnológicas pueden orientar a ROVI a aplicar herramientas avanzadas de CRM y personalización en sus servicios para mejorar la gestión de clientes y alinearse con las demandas de cada segmento.

En conclusión, estas estrategias ofrecen a ROVI una guía para desarrollar una estructura organizativa segmentada, optimizar su fuerza de ventas y mejorar la personalización en el servicio, con la tecnología como aliado central en la gestión de clientes y en la eficiencia operativa.

3 Presupuesto de la fuerza de ventas

UFV Universidad Francisco de Vitoria

3.1 Introducción al presupuesto de la fuerza de ventas

A continuación, se presentarán las diferentes estrategias de remuneración que las empresas pueden adoptar para sus equipos de ventas, con el objetivo de maximizar las ventas, motivar al personal comercial y obtener un retorno sobre la inversión (ROI) óptimo. El análisis cubre desde sistemas simples, como el sueldo fijo o las comisiones puras, hasta sistemas más complejos y mixtos que combinan diferentes mecanismos de pago. La clave está en encontrar el sistema que mejor se adapte a las características y objetivos de cada empresa, y en este caso, de Laboratorios Rovi.

La remuneración adecuada es crucial para el éxito de un equipo de ventas, ya que influye directamente en su motivación y, por tanto, en su rendimiento. Un sistema de compensación eficaz debe lograr varios objetivos:

- **Incentivar la productividad** del vendedor mediante una correlación clara entre su desempeño y sus ingresos.
- **Alinear los esfuerzos** de los vendedores con los objetivos estratégicos de la empresa.
- **Retener talento,** atrayendo a los mejores vendedores y asegurando que se mantengan motivados y comprometidos.

Un buen sistema de retribución también actúa como herramienta de control, ayudando a la empresa a optimizar los costos de ventas sin perder de vista los resultados deseados.

Estructura de un salario: teoría de los tres salarios:

La teoría de los tres salarios es fundamental en la estructura de remuneración de un vendedor. Establece los tres componentes básicos:

a. **Salario Fijo.**
b. **Salario semi-fijo.**
c. **Salario variable:** consta de comisiones y primas.

Esta teoría permite realizar un reparto salarial para poder garantizar que los sistemas de retribución están alineados con los objetivos de ventas.

Por ejemplo:
- Salario fijo: 25%.
- Salario semifijo: 25%.
- Salario variable: 50% (comisiones valen un 40% y las primas valen un 10%).

Las principales ventajas que este ejemplo ofrece serían:

1. Proporciona suficiente seguridad base (25% fijo) para cubrir necesidades básicas, mantiene un fuerte incentivo de rendimiento con el 50% variable, y el 25% semifijo actúa como un colchón intermedio que da estabilidad sin sacrificar motivación.

2. La empresa controla los costos fijos manteniéndolos relativamente bajos (solo 25% fijo), y el vendedor, ofrece un potencial significativo de ingresos altos a través del componente variable.

3. La mayor proporción en variable (50%) empuja fuertemente hacia el logro de objetivos. El desglose de 40% comisiones y 10% primas permite mantener un foco principal en las ventas regulares (40%) y dar espacio para impulsar objetivos específicos mediante primas (10%).

4. Permite ajustes según temporadas o cambios en el mercado ya que se puede modificar el esquema de primas (10%) para diferentes campañas o metas específicas.

Algunos conceptos esenciales a entender son las comisiones y las primas

≡ **Comisión:** Un pago variable ligado directamente al volumen de ventas. Incentiva al vendedor a maximizar sus ventas, ya que cuanto mayor sea el volumen de ventas, mayor será su ingreso por comisión.

≡ **Prima:** Es un incentivo adicional que premia el logro de metas específicas, no necesariamente vinculadas al volumen de ventas, sino a objetivos estratégicos (captación de clientes, cumplimiento de objetivos en menos tiempo, etc.). A diferencia de las comisiones, la prima recompensa un esfuerzo especial que la comisión no puede medir, premiando aptitudes del empleado como la lealtad, y promover la buena voluntad de los clientes.

3.2 Sistemas de Remuneración

Sueldo Fijo

Es el sistema más simple, donde los vendedores reciben un salario fijo, independientemente de su rendimiento en ventas. Es decir, la cantidad de dinero que se paga, está directamente relacionada con el tiempo, más no con el trabajo realizado. Este sistema proporciona estabilidad financiera, pero puede carecer de incentivos que impulsen a los vendedores a mejorar su rendimiento.

Ventajas
≡ Seguridad financiera para el vendedor.
≡ Fácil de administrar.

Desventajas
≡ Puede desmotivar a los vendedores, ya que no hay incentivos por aumentar las ventas.
≡ Mayor coste para la empresa si no hay un rendimiento acorde con el salario.

Comisión Pura

Los vendedores reciben una comisión basada únicamente en sus ventas. Cuanto más vendan, más ganan. Este sistema genera un fuerte incentivo para aumentar el rendimiento, pero puede generar inestabilidad en los ingresos de los vendedores.

Ventajas
≡ Fuerte motivación para aumentar las ventas.
≡ Los costos de ventas son directamente proporcionales a los ingresos de la empresa.

Desventajas
≡ Ingresos del vendedor muy fluctuantes.
≡ Menor control por parte de la empresa sobre las actividades de los vendedores.

Gráfico explicativo
En el gráfico de la comisión pura, el eje X representa el volumen de ventas, y el eje Y muestra la comisión obtenida. La relación es directamente proporcional: a medida que aumentan las ventas, también lo hacen las comisiones, resultando en una línea ascendente constante.

Comisión Pura

Comisión

Volumen de Ventas

— Comisión

3.2.1 Sistemas Combinados

Los sistemas combinados combinan diferentes mecanismos de compensación, como el sueldo fijo, las comisiones y las primas .Estos sistemas combinan la seguridad del sueldo fijo con los incentivos de las comisiones y primas para maximizar el rendimiento. En el sector farmacéutico, estos sistemas pueden ser muy eficaces para orientar los esfuerzos de los vendedores hacia productos estratégicos. A continuación, se describen los principales sistemas combinados:

≡ Sueldos y Comisiones
Ofrece un sueldo fijo acompañado de una comisión proporcional al volumen de ventas, proporcionando seguridad y motivación para mejorar las ventas.

≡ Sueldos y Primas
Además del sueldo fijo, el vendedor obtiene una prima si alcanza objetivos específicos, orientando su esfuerzo hacia metas de valor estratégico.

≡ Sueldos, Comisiones y Primas
Combina un sueldo fijo, comisión y primas adicionales, maximizando tanto la estabilidad como los incentivos.

≡ Comisión y Cuenta de Crédito Garantizada
Asegura un ingreso mínimo cuando las ventas son bajas, que luego se descuenta de futuras comisiones.

≡ Comisión y Primas
Este sistema otorga una comisión directa sobre ventas, además de primas adicionales para incentivar el logro de objetivos específicos, motivando tanto el volumen de ventas como metas estratégicas.

3.2.2 Tipos de Comisiones

Los sistemas de comisiones, especialmente en el ámbito farmacéutico, tienen diversas variaciones que permiten ajustar los incentivos a productos o clientes específicos. En el caso de Laboratorios Rovi, cada tipo de comisión se adapta bien a ciertos productos de su portafolio, como sus líneas de especialidades farmacéuticas y productos innovadores como la tecnología ISM® y el anticoagulante de bajo peso molecular Hibor®.

3.2.2.1 Comisión Uniforme

La comisión uniforme ofrece un porcentaje fijo de comisión por cada unidad vendida, independientemente del cliente o producto. Es ideal para maximizar el volumen de ventas en productos bien establecidos y de demanda constante.

≡ Aplicación en Rovi: Una comisión uniforme podría ser adecuada para la ju línea de anticoagulantes como Hibor® (heparina de bajo peso molecular), ya que este producto tiene una demanda estable en hospitales. Con una comisión uniforme,

los vendedores se enfocan en mantener o aumentar el volumen de ventas de un producto de alta rotación sin discriminación de cliente

Comisión Uniforme

Gráfica

La gráfica de comisión uniforme es una línea recta ascendente, donde el eje X representa el volumen de ventas y el eje Y la comisión ganada. La relación es directamente proporcional; a mayor volumen, mayor comisión total.

— Coste de las comisiones

3.2.2.2 Comisión Diferenciada por Producto

En este sistema, la comisión varía según el tipo de producto. Los productos estratégicos o de alto valor tienen un porcentaje de comisión mayor, incentivando al vendedor a centrarse en productos prioritarios.

≡ **Aplicación en Rovi:** Esta comisión diferenciada podría aplicarse a la gama de productos con la tecnología ISM® (Inyecciones de Liberación Prolongada) de Rovi, como Doria® (risperidona inyectable). Estos productos innovadores requieren un enfoque consultivo y están dirigidos a especialistas en salud mental en hospitales. Una mayor comisión en ISM® incentiva a los vendedores a promover productos con valor diferenciador.

Comisión Diferenciada por Producto

Gráfica

La gráfica de comisión diferenciada por producto tiene diferentes pendientes para cada producto. El eje X es el volumen de ventas, mientras que el eje Y es la comisión, que aumenta más rápidamente para los productos estratégicos.

Producto B

Producto A

— Coste de las comisiones

3.2.2.3 Comisión Diferenciada por Clientes

La comisión se ajusta según el tipo de cliente, incentivando la captación de nuevos clientes o clientes de alto valor, como hospitales y clínicas.

≡ **Aplicación en Rovi:** Para expandir el mercado hospitalario, una comisión más alta en clientes nuevos puede motivar a los vendedores a captar hospitales o unidades de cuidados intensivos que aún no utilizan sus productos de anticoagulación o especialidades. Esto puede ayudar a consolidar la presencia de Rovi en instituciones clave de salud.

Gráfica

La gráfica muestra una pendiente más pronunciada para nuevos clientes y una pendiente más suave para clientes existentes, reflejando el incentivo mayor en captación.

3.2.2.4 Comisión por Volumen de Ventas

Este sistema aumenta el porcentaje de comisión conforme crece el volumen de ventas, incentivando al vendedor a cerrar mayores ventas o alcanzar un volumen específico.

≡ **Aplicación en Rovi:** Esta comisión puede ser útil en ventas de productos genéricos donde Rovi tiene volumen elevado y busca maximizar la penetración en el mercado. Por ejemplo, si el vendedor alcanza cierto volumen mensual, el porcentaje de comisión se incrementa, lo que fomenta ventas al por mayor.

Gráfica

La gráfica de comisión por volumen muestra una pendiente que se acentúa en puntos donde el volumen aumenta y el porcentaje de comisión se incrementa.

3.2.2.5 Comisión a partir de un Nivel de Ventas (Uniforme)

Este sistema activa la comisión solo después de alcanzar un nivel mínimo de ventas, asegurando que se cubran los costos antes de otorgar incentivos.

≡ **Aplicación en Rovi:** Puede aplicarse a productos de menor demanda o alto coste de producción, como ciertos fármacos de uso esporádico. Por ejemplo, la comisión solo se otorgaría tras ventas que cubran un mínimo de 20,000 €.

Gráfica

En la gráfica, no se registra comisión en el eje Y hasta que se alcanza el umbral de ventas en el eje X; después, la comisión crece de forma lineal.

Comisión a partir de un Nivel de Ventas (Uniforme)

— Coste de las comisiones

3.2.2.6 Comisión a partir de un Nivel de Ventas (Diferenciada)

Similar al sistema anterior, pero el porcentaje de comisión varía dependiendo del producto o cliente. La comisión se activa solo tras un volumen mínimo y luego varía según la prioridad del producto.

≡ **Aplicación en Rovi:** En productos diferenciados como Doria® para especialidades psiquiátricas, la comisión se puede activar solo tras alcanzar una meta mínima en instituciones clave, con un porcentaje mayor en clientes estratégicos. Esto asegura que los vendedores se enfoquen en metas de volumen en mercados específicos y con productos de alta prioridad para la empresa.

Gráfica

La gráfica muestra un nivel de ventas mínimo para cada tipo de producto. Cada pendiente varía, indicando el porcentaje de comisión para productos prioritarios frente a otros productos estándar.

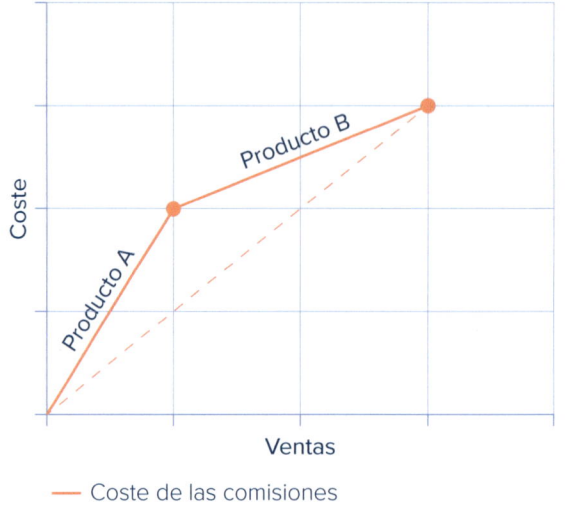

Comisión a partir de un Nivel de Ventas (Diferenciada)

— Coste de las comisiones

3.3 Modelos de Remuneración

Los modelos de remuneración permiten adaptar los sistemas de pago a los resultados y esfuerzos específicos de los vendedores. Estos modelos son útiles para estructurar las primas y otros incentivos de manera que se ajusten a los objetivos estratégicos de la empresa.

3.3.1 Modelo de Meret y Dervaux

Este modelo propone dos fórmulas diferentes para calcular las primas en función de los resultados obtenidos por el vendedor en comparación con el objetivo fijado.

Sistema 1

$$P = P_n \left(2 - \frac{O}{R}\right)$$

Donde:

≡ **P** es la **prima obtenida** por el vendedor.

≡ **P_n** es la **prima fijada** por la empresa si se cumple el objetivo.

≡ **R** es el **resultado alcanzado** por el vendedor (número de ventas, clientes nuevos, etc.).

≡ **O** es el **objetivo** fijado por la empresa (número de ventas o clientes que la empresa quiere alcanzar).

En este sistema, la prima es directamente proporcional al porcentaje de objetivo cumplido. Si el vendedor alcanza el 100% del objetivo, recibe la prima completa (Pn). Si alcanza el 80% del objetivo, recibirá el 80% de la prima. De esta manera, resulta útil cuando la empresa necesita cubrir costes mínimos y garantizar que las ventas alcancen el break-even. Por ejemplo, si se requiere que el vendedor genere al menos 10,000 € en ventas para cubrir los costos, la prima dependerá proporcionalmente de cuán cerca esté de ese objetivo. Al alcanzar el 100% de la meta, recibe el total de la prima, mientras que al 50% de la meta, recibe solo la mitad. Este sistema incentiva a los vendedores a alcanzar al menos el objetivo fijado. Sin embargo, penaliza fuertemente a los vendedores que no alcanzan el objetivo completo.

Ejemplo Práctico Sistema 1:

Nuevos Clientes	50	60	70	80	90	100	110	120	130	140	150
Prima obtenida	0.00	333,33	571,42	750,00	888,88	1.000,00	1.090,90	1.166,66	1.230,76	1.285,71	1.333,33
Incremento % de la prima obtenida		∞	71,42	31,25	18,51	12,50	9,09	6,94	5,49	4,46	3,70

Datos del ejemplo

1. **Prima fijada (Pn)** = 1000 UM (Unidad Monetaria)
2. **Objetivo (OO)** = 100 nuevos clientes
3. **Resultado alcanzado (R)** = Diferentes valores posibles de nuevos clientes para evaluar la prima obtenida.

Cálculo de la prima en función de diferentes resultados (R)

Voy a calcular el valor de PP para diferentes posibles valores de R (por ejemplo, R=50,R=100, R=150) para ver cómo varía la prima obtenida según el rendimiento del vendedor.

Si $R = 50$	$P = 1000 \left(2 - \dfrac{100}{50}\right)$ $P = 1000\,(2 - 2) = 1000 \times 0 = 0$ UM
Si $R = 100$	$P = 1000 \left(2 - \dfrac{100}{100}\right)$ $P = 1000\,(2 - 1) = 1000 \times 1 = 1000$ UM
Si $R = 150$	$P = 1000 \left(2 - \dfrac{100}{150}\right)$ $P = 1000\,(2 - 0{,}6667) = 1000 \times 1{,}3333 = 1333{,}33$ UM

Interpretación de los resultados

Cuando R=50: La prima es 0 UM, ya que el vendedor solo alcanzó la mitad del objetivo.

Cuando R=100: La prima es 1000 UM, exactamente la prima fijada, ya que el vendedor cumplió con el objetivo.

Cuando R=150: La prima es 1333.33 UM, una bonificación superior a la prima fijada, ya que el vendedor superó el objetivo.

Sistema 2

$$P = P_n \sqrt{\dfrac{R}{O}}$$

En este caso, la prima aumenta más suavemente a medida que el vendedor se acerca al objetivo. Este sistema es menos punitivo si no se alcanza completamente el objetivo. Aunque el vendedor no llegue al 100% del objetivo, la prima crece a un ritmo más lento. Este sistema es adecuado cuando la empresa necesita reducir inventarios o eliminar stocks. A diferencia del primer sistema, aquí el vendedor comienza a recibir primas con cada venta, independientemente de cuán lejos esté de alcanzar el objetivo total. Por ejemplo, en un escenario donde el objetivo es vender 1,000 unidades de un producto en stock, el vendedor recibe una prima progresiva desde la primera unidad, motivándolo a vender tanto como pueda.

De este modo, el sistema motiva a los vendedores a seguir esforzándose incluso si están lejos de alcanzar el objetivo completo y suaviza las penalizaciones por no cumplir los objetivos. Si bien, los vendedores podrían relajarse al saber que aunque no alcancen el objetivo completo, seguirán recibiendo una parte considerable de la prima.

Ejemplo Práctico Sistema 2 Modelo de Meret y Dervaux

Nuevos Clientes	0	10	20	30	40	50	60	70
Prima obtenida	0.00	316,22	447,21	547,2	632,54	707,10	774,59	836,66
Incremento % de la prima obtenida		∞	41,42	22,47	15,46	11,80	9,54	8,01

Nuevos Clientes	80	90	100	110	120	130	140	150
Prima obtenida	894,42	948,68	1.000	1.048,80	1.095,44	1.140,17	1.183,21	1.224,74
Incremento % de la prima obtenida	6,90	6,06	5,48	4,80	4,44	4,08	3,77	3,50

Datos del ejemplo:

1. **Prima fijada (Pn)** = 1000 UM (Unidad Monetaria)
2. **Objetivo (O)** = 100 nuevos clientes
3. **Resultado alcanzado (R)** = Diferentes valores posibles de nuevos clientes para evaluar la prima obtenida.

Cálculo de la prima en función de diferentes resultados (R):

Voy a calcular el valor de P para distintos valores de R (por ejemplo, R=50, R=100, R=150) para observar cómo se modifica la prima obtenida según el rendimiento del vendedor.

Si $R = 50$

$$P = 1000 \times \sqrt{\frac{50}{100}}$$
$$P = 1000 \times \sqrt{0,5} = 1000 \times 0,7071 = 707,1 \text{ UM}$$

Si $R = 100$

$$P = 1000 \times \sqrt{\frac{100}{100}}$$
$$P = 1000 \times \sqrt{1} = 1000 \times 1 = 1000 \text{ UM}$$

Si $R = 150$

$$P = 1000 \times \sqrt{\frac{150}{100}}$$
$$P = 1000 \times \sqrt{1,5} = 1000 \times 1,2247 = 1224,7 \text{ UM}$$

Interpretación de los resultados:

Cuando R=50: La prima es 707.1 UM, un valor inferior a la prima completa, ya que el vendedor logró solo el 50% del objetivo.

Cuando R=100: La prima es 1000 UM, ya que el vendedor alcanzó exactamente el objetivo.

Cuando R=150: La prima es 1224.7 UM, una bonificación superior, ya que el vendedor superó el objetivo en un 50%.

En la gráfica, el eje X representa el porcentaje del objetivo alcanzado (R/O), y el eje Y muestra la prima obtenida (P). En el Sistema 1, la línea de crecimiento es lineal, mientras que en el Sistema 2, la curva crece de manera más suave al inicio, pero ambos sistemas se cruzan y alcanzan el mismo nivel cuando el vendedor alcanza el 100% del objetivo.

La intersección en la gráfica implica que, al final, ambos sistemas ofrecen la misma prima si se cumple el objetivo en su totalidad. Esto significa que, aunque el vendedor reciba incentivos de diferente magnitud y frecuencia en el camino hacia la meta, la remuneración final es igual en ambos sistemas al alcanzar el 100% del objetivo. Esto da flexibilidad a la empresa para elegir el sistema que mejor se ajuste a sus objetivos específicos, ya sea alcanzar el punto de equilibrio (Sistema 1) o eliminar el stock existente (Sistema 2).

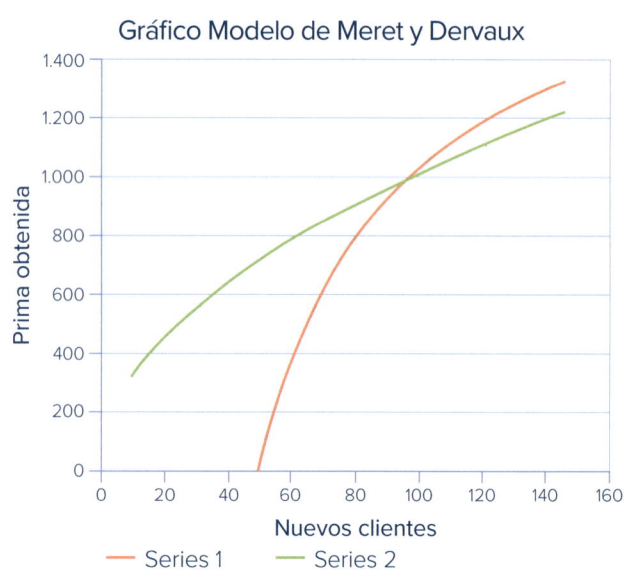

Gráfico Modelo de Meret y Dervaux

3.3.2 Prima por Realización Anticipada o Superación del Objetivo

Este modelo se utiliza cuando la empresa quiere incentivar no solo el cumplimiento de los objetivos, sino también la superación de los mismos o su realización anticipada. Se calcula en dos fases:

Fase 1: Prima por realización anticipada

La prima se basa en los resultados alcanzados (R) y el tiempo empleado (t) para cumplir con los objetivos.

$$P = P_n \times \frac{R}{O} \times \frac{n}{t}$$

Donde:

- **P** es la **prima obtenida.**
- **Pn** es la **prima fijada** por la empresa si se cumple el objetivo en el plazo previsto.
- **R** es el **resultado** alcanzado.
- **O** es el **objetivo** fijado.
- **n** es el **plazo de tiempo** establecido (por ejemplo, tres meses).
- **t** es el **tiempo** real que tardó el vendedor en lograr el objetivo

El objetivo es incentivar al vendedor a alcanzar los resultados antes del plazo establecido. En esta fase, si el vendedor alcanza el objetivo antes del plazo fijado (t < n), recibe una prima mayor. Si se tarda más en alcanzarlo (t > n), la prima disminuye. En este caso, la prima está condicionada por la rapidez con la que el vendedor logra los resultados. Si el vendedor cumple el objetivo en menos tiempo del estipulado, recibe una prima mayor. No obstante, puede llegar a ser difícil de administrar, especialmente si se fijan plazos poco realistas, y penaliza fuertemente a los vendedores que tardan más de lo previsto en alcanzar los objetivos.

Tiempo empleado t (meses)	1	2	3	4	5	6	7	8	9	10	11	12
Prima obtenida P	3.500,0	1.500,0	1.000,0	750,0	600,0	500,0	428,5	375,0	333,3	300,0	272,7	250,0

Ejemplos:

Ejemplo 1 - Realización antes del plazo **(t < n)** con objetivo en euros:

Datos:

- Pn (prima fijada) = 1000€
- R (resultado alcanzado) = 100.000€
- O (objetivo fijado) = 100.000€
- n (plazo establecido) = 3 meses
- t (tiempo real) = 2 meses

P = 1000 x (100.000/100.000) x (3/2)
P = 1000 x 1 x 1.5; P = 1500€
El vendedor recibe 1500€ por lograr el objetivo un mes antes.

Ejemplo 2 - Realización después del plazo (t > n) con objetivo en euros:
Datos:
- Pn (prima fijada) = 1000€
- R (resultado alcanzado) = 100.000€
- O (objetivo fijado) = 100.000€
- n (plazo establecido) = 3 meses
- t (tiempo real) = 4 meses

P = 1000 * (100.000/100.000) * (3/4)
P = 1000 * 1 * 0.75; P = 750€
El vendedor recibe 750€ por tardar un mes más de lo previsto.

Ejemplo 3 - Realización en plazo exacto (t = n) con objetivo en número de clientes:
Datos:
- Pn (prima fijada) = 1000€
- R (resultado alcanzado) = 100 clientes
- O (objetivo fijado) = 100 clientes
- n (plazo establecido) = 3 meses
- t (tiempo real) = 3 meses

P = 1000 * (100/100) * (3/3)
P = 1000€
En este caso, el vendedor recibe exactamente la prima establecida (1000€) porque:

Alcanzó exactamente el objetivo (R/O = 1).
Lo hizo exactamente en el tiempo previsto (n/t = 1).

Este último ejemplo muestra que cuando se cumple exactamente con el objetivo y el plazo, se recibe el 100% de la prima fijada, independientemente de si el objetivo se mide en euros, número de clientes u otra métrica, siempre que R/O = 1.

1. Cuando se cumple antes de tiempo (t < n), el factor n/t es mayor que 1, lo que aumenta la prima.
2. Cuando se tarda más tiempo (t > n), el factor n/t es menor que 1, lo que reduce la prima.
3. En ambos casos se alcanzó el objetivo (R = O), por lo que el factor R/O = 1 no afectó al cálculo.

Fase 2:Prima por superación del objetivo

Resultado *R*	50	60	70	80	90	100	110	120	130	140	150
Prima obtenida *P*	500	600	700	800	800	1.000	1.000	1.200	1.300	1.400	1.500

Ejemplo:

Caso 1 - Resultado igual al objetivo (R = O):
- P_n (prima fijada) = 1000€
- R (resultado alcanzado) = 100.000€
- O (objetivo fijado) = 100.000€
- n (plazo establecido) = 3 meses
- t (tiempo real) = 3 meses

P = 1000 * (100.000/100.000) * (3/3)
P = 1000 * 1 * 1; P = 1000€
En este caso, el vendedor recibe exactamente la prima establecida porque alcanzó exactamente el objetivo.

Caso 2 - Resultado menor al objetivo (R < O):
- P_n (prima fijada) = 1000€
- R (resultado alcanzado) = 80.000€
- O (objetivo fijado) = 100.000€
- n (plazo establecido) = 3 meses
- t (tiempo real) = 3 meses

P = 1000 * (80.000/100.000) * (3/3)
P = 1000 * 0.8 * 1; P = 800€
El vendedor recibe una prima menor (800€) porque solo alcanzó el 80% del objetivo.

Caso 3 - Resultado mayor al objetivo (R > O):
- P_n (prima fijada) = 1000€
- R (resultado alcanzado) = 120.000€
- O (objetivo fijado) = 100.000€
- n (plazo establecido) = 3 meses
- t (tiempo real) = 3 meses

P = 1000 * (120.000/100.000) * (3/3)
P = 1000 * 1.2 * 1; P = 1200€
El vendedor recibe una prima mayor (1200€) porque superó el objetivo en un 20%.

Análisis de los tres casos:

1. **Cuando R = O:** La prima es exactamente Pn (1000€).
2. **Cuando R < O:** La prima se reduce proporcionalmente al grado de incumplimiento. En este caso, alcanzar el 80% del objetivo resulta en el 80% de la prima.
3. **Cuando R > O:** La prima aumenta proporcionalmente al grado de superación. En este caso, superar el objetivo en un 20% resulta en un 20% más de prima.

Esta fase está diseñada para motivar al vendedor a superar el objetivo. La prima depende del grado de superación del objetivo, ofreciendo recompensas adicionales cuanto mayor sea la cantidad de ventas realizadas más allá de la meta fijada. Si el vendedor supera el objetivo, también puede recibir una prima adicional en función de la magnitud de la superación.

En el gráfico, el eje X representa el tiempo empleado para alcanzar los resultados (t), mientras que el eje Y muestra la prima obtenida (P). La curva del gráfico muestra un incremento en la prima a medida que el tiempo utilizado para alcanzar el objetivo disminuye. Cuanto más se acerca el vendedor al objetivo en menos tiempo, mayor es la pendiente de la curva, indicando una recompensa mayor por la realización anticipada del objetivo.

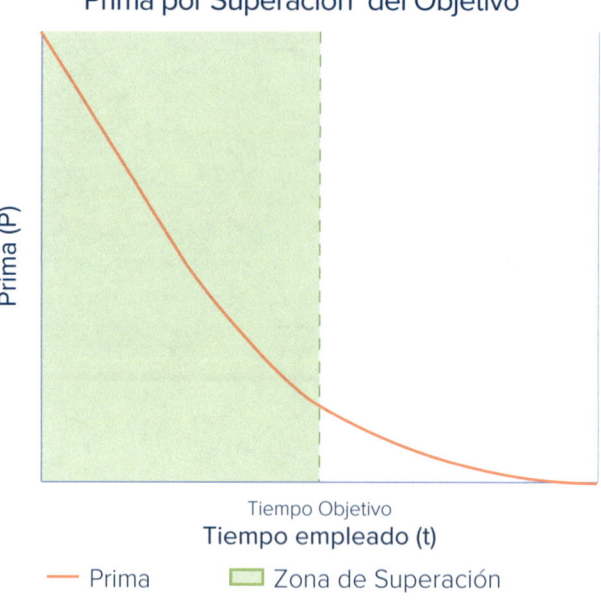

3.3.3 Sistema OPR (Objetivo-Previsión-Resultado)

El Sistema OPR, desarrollado por J. Gonik, es un sistema complejo que complementa las remuneraciones basadas en tres componentes: el objetivo de ventas fijado por la empresa, la previsión realizada por el vendedor y el resultado real obtenido.

Elementos de la ecuación:
- **O:** Objetivo de ventas fijado por la empresa.
- **P:** Previsión realizada por el vendedor.
- **R:** Resultado real obtenido por el vendedor.

Se ofrecen tres escenarios distintos:
1. **P = R (Previsión igual a resultado)**

$$OPR = 120\% \times \frac{P}{O}$$

En este caso, el vendedor recibe una prima adicional del 20% por haber acertado con su previsión.

2. P < R (Previsión menor que resultado)

$$OPR = 60\% \; x \; \frac{R + P}{O}$$

Si el vendedor subestimó sus ventas, la prima se ajusta teniendo en cuenta la previsión y el resultado alcanzado.

3. P > R (Previsión mayor que resultado)

$$OPR = 60\% \; x \; \frac{3R - P}{O}$$

Mes	Ene.	Feb.	Marzo	Abril	Mayo	Junio	Julio	Agosto	Sep.	Oct.	Nov	Dic.
Previsión	100	150	150	150	125	100	75	75	125	125	150	175
Realización	150	125	150	150	150	125	75	50	100	100	150	175

Si la previsión es $P = 80$
Aquí $P < R$, así que usamos la segunda formula.

$$OPR = \frac{60 \; x \; (R + P)}{O}$$

Sustituyendo los valores:

$$OPR = \frac{60 \; x \; (100 + 80)}{100} = \frac{60 \; x \; 180}{100} = \frac{10800}{100} = 108\,\%$$

Si la previsión es $P = 100$
Aquí $P = R$, así que usamos la primera formula.

$$OPR = \frac{120 \; x \; P}{O}$$

Sustituyendo los valores:

$$OPR = \frac{120 \; x \; 100}{100} = \frac{1200}{100} = 120\,\%$$

Si la previsión es $P = 120$
Aquí $P > R$, así que usamos la tercera formula.

$$OPR = \frac{60 \; x \; (3R - P)}{O}$$

Sustituyendo los valores:

$$OPR = \frac{60 \; x \; (3 \; x \; 100 - 120)}{100} = \frac{60 \; x \; (300 - 120)}{100} = \frac{60 \; X \; 180}{100} = 108\,\%$$

Ejemplo 1 OPR:

Para un mismo resultado logrado por el vendedor, por ejemplo 100, el porcentaje de prima alcanzada varía según la previsión hecha por este (para una previsión de 80, su prima es 108%, para 100 es 120% y para 120 vuelve a ser 108%.

Para un resultado logrado por el vendedor de 100, el porcentaje de prima varía según la previsión hecha:

Si la previsión es $P = 80$	Si la previsión es $P = 100$	Si la previsión es $P = 120$
$$OPR = \frac{60 \times (R + P)}{O}$$ $$OPR = 108\,\%$$	$$OPR = \frac{120 \times P}{O}$$ $$OPR = 120\,\%$$	$$OPR = \frac{60 \times (3R - P)}{O}$$ $$OPR = 108\,\%$$

Ejemplo 2 OPR:

Si coinciden la previsión del vendedor y el objetivo alcanzado por la empresa, y el vendedor consigue el resultado previsto, la prima es del 120%. Es decir, existe una prima adicional del 20% como premio a la capacidad de planificación del vendedor.

Ejemplo 3 OPR:

Si el vendedor presenta una previsión y el resultado obtenido es inferior a la previsión, su retribución será menor que si hubiera fijado una previsión menor.

> **Supongamos que:**
>
> Previsión $P = 120$ Resultado $R = 80$ Objetivo $O = 100$
>
> **Entonces:**
>
> Aquí $P > R$, así que usamos la tercera formula.
>
> $$OPR = \frac{60 \times (3R - P)}{O}$$
>
> Sustituyendo los valores:
>
> $$OPR = \frac{60 \times (3 \times 80 - 120)}{100} = \frac{60 \times (240 - 120)}{100} = \frac{60 \times 120}{100} = 72\,\%$$

Si el vendedor sobreestimó su previsión y no alcanzó el resultado previsto, su prima se reduce, penalizándolo por una mala previsión.

Este sistema premia tanto el volumen de ventas como la precisión en la previsión. Cuanto más ajustada esté la previsión al resultado real, mayor será la prima. El sistema de retribución OPR es un sistema de retribución agresivo, diseñado para motivar un alto

rendimiento de ventas. Esto lo convierte en una herramienta ideal para estrategias ofensivas, especialmente en contextos de desarrollo de productos donde se necesita alcanzar un volumen de ventas considerable para asegurar la penetración en el mercado. Por consiguiente, el sistema motiva a los vendedores a realizar previsiones más precisas, lo que contribuye al rápido crecimiento del producto en nuevos segmentos o mercados estratégicos. Aún así, puede llegar a tener mucha complejidad en el cálculo y administración, y los vendedores también pueden llegar a sobrestimar sus previsiones para intentar obtener primas más altas.

Gráfico explicativo

En el gráfico, el eje X representa la previsión del vendedor y el eje Y la prima obtenida. Si la previsión coincide con el resultado, la prima aumenta significativamente. Si la previsión es inexacta, la prima disminuye.

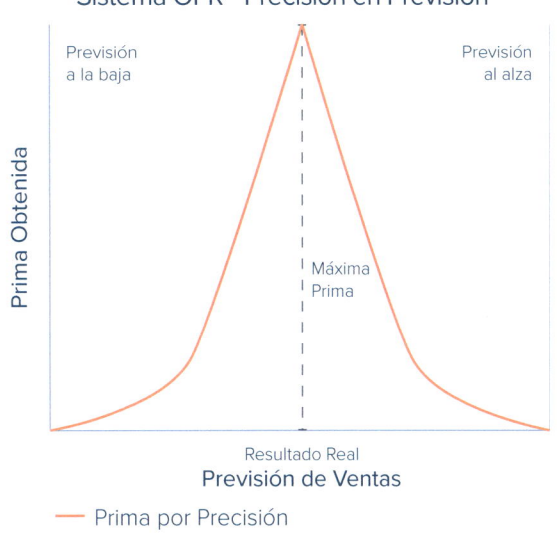

Sistema OPR - Precisión en Previsión

3.3.4 Prima con Ponderación Diferenciada por Gama de Productos

Este modelo es útil cuando una empresa quiere priorizar la venta de ciertos productos. Se asignan diferentes ponderaciones a cada producto según su importancia estratégica, y las primas se calculan en función de estas ponderaciones.

$$Prima = \% \times (V1 \times P1 + V2 \times P2 + ...)$$

Donde:

- **Prima** es la remuneración final.
- **V1, V2** son los volúmenes de ventas de cada producto.
- **P1, P2** son las ponderaciones asignadas a cada producto.

Los productos estratégicos o prioritarios tienen una ponderación mayor, lo que incentiva a los vendedores a centrarse en ellos. Por ejemplo, un producto estratégico podría tener una ponderación de 2, mientras que uno menos prioritario podría tener una ponderación de 0.5.

Este modelo, permite dirigir los esfuerzos de los vendedores hacia productos clave y les da flexibilidad para adaptarse a los cambios en las prioridades de la empresa. Sin embargo, puede ser difícil de gestionar si se tienen muchas gamas de productos, y se

debe tener cuidado con que los vendedores lleguen a descuidar los productos con menor ponderación.

Tipo de seguro	Volumen de ventas absoluto	Ponderación	Volumen de ventas corregido
1. Incendio	$V_1 = 30.000$	$P_1 = 1,2$	$V_1 \times P_1$
2. Robo	$V_2 = 200.000$	$P_2 = 0,5$	$V_2 \times P_2$
3. Automóviles	$V_3 = 50.000$	$P_3 = 0,5$	$V_3 \times P_3$
4. Vida	$V_4 = 100.000$	$P_4 = 2,0$	$V_4 \times P_4$
5. Hogar	$V_5 = 100.000$	$P_5 = 0,8$	$V_5 \times P_5$
6. Comercio	$V_6 = 20.000$	$P_6 = 0,2$	$V_6 \times P_6$
			Total: 445.000

Fuente: Administración Comercial Efectiva - J. Sánchez

Ejemplo Prima con Ponderación Diferenciada por Gama de Productos:

1. **Multiplicación del Volumen de Ventas Absoluto por su Ponderación:**

Vamos a calcular el volumen de ventas corregido para cada producto, multiplicando el volumen de ventas absoluto (V) por su ponderación (P):

Para Incendio:	$V_1 = 30.00$ $P_1 = 1,2$	$V_1 \times P_1 = 30.000 \times 1,2 = 36.000$
Para Robo:	$V_2 = 200.000$ $P_2 = 0,5$	$V_2 \times P_2 = 200.000 \times 0,5 = 100.000$
Para Automóviles:	$V_3 = 50.000$ $P_3 = 0,5$	$V_3 \times P_3 = 50.000 \times 0,5 = 25.000$
Para Vida:	$V_4 = 100.00$ $P_4 = 2,0$	$V_4 \times P_4 = 100.000 \times 2,0 = 200.000$
Para Hogar:	$V_5 = 100.000$ $P_5 = 0,8$	$V_5 \times P_5 = 100.000 \times 0,8 = 80.000$
Para Comercio:	$V_6 = 20.000$ $P_6 = 0,2$	$V_6 \times P_6 = 20.000 \times 0,2 = 4.000$

2. **Suma del Volumen de Ventas Corregido:**

Ahora sumamos todos los volúmenes de ventas corregidos para obtener el total:

$$Total\ del\ volumen\ corregido = 36.000 + 100.000 + 25.000 + 200.000 + 80.000 + 4.000 = \mathbf{445,000}$$

3. Aplicación del Porcentaje de Prima Base (%):

Para obtener la prima final, deberíamos multiplicar el total de volumen corregido por el porcentaje de la prima base. Si se proporciona un porcentaje, podríamos calcular el valor específico de la prima.

Por ejemplo, si el porcentaje de la prima base fuera, digamos, 10%:

$$\text{Prima} = 0{,}10 + 445.000 = 44.500 \text{ UM}$$

Gráfico explicativo

En el gráfico, el eje X representa las diferentes gamas de productos y el eje Y las primas obtenidas. Los productos con mayor ponderación generan primas más altas, lo que resulta en una curva ascendente.

Fuente: elaboración propia

Prima por Ponderación de Productos

Ponderación Diferenciada en GSK: GSK asigna ponderaciones diferenciadas para priorizar productos estratégicos como Shingrix, su vacuna contra el herpes zóster, en un portafolio que en 2022 reportó 34 mil millones de libras en ventas. Así, los vendedores dirigen sus esfuerzos hacia productos de mayor impacto.

Ejemplo Aplicado a Laboratorios ROVI: Ahora, nosotros aplicaremos este modelo a nuestra empresa, Laboratorios ROVI, utilizando productos reales y su impacto estratégico en el mercado.

Supongamos que ROVI desea enfocar sus esfuerzos comerciales en los siguientes cinco productos farmacéuticos estratégicos:

Tipo de seguro	Volumen de ventas absoluto (unidades)	Ponderación (P)	Volumen de ventas corregido (V x P)
0. Hibor®	50.000	1,5	75.000
1. Ulunar® Breezhaler®	30.000	1,0	30.000
2. Neparvis®	20.000	1,2	24.000
3. Orvatez®	40.000	0,8	32.000
4. Okadi®	10.000	2,0	20.000
Total 150.00			Total: 181.000

Fuente: elaboración propia

ROVI puede utilizar el modelo para priorizar la venta de productos estratégicos y dirigir los esfuerzos de su equipo comercial hacia aquellos con mayor relevancia en el mercado, ajustando las primas según su importancia estratégica.

3.3.5 Prima con Multiplicidad de Objetivos

Este modelo es ideal para empresas con múltiples objetivos simultáneos, como aumentar las ventas, captar nuevos clientes o mejorar la atención al cliente. Se asigna un porcentaje de la prima a cada objetivo y la suma de estos porcentajes forma la prima total.

$$Prima = 10\% \times (V + M + P + N)$$

Donde:
- **V** es el volumen de ventas.
- **M** es el margen alcanzado.
- **P** son los pedidos realizados.
- **N** es el número de nuevos clientes captados.

Este sistema permite que los vendedores trabajen en varias áreas a la vez, asignando una parte de la prima a cada objetivo. Entre las ventajas de usar este modelo, se identifica una gran flexibilidad para cubrir varias áreas clave y también motiva a los vendedores a cumplir con múltiples objetivos. En todo caso, existe el riesgo de que el modelo pueda ser difícil de administrar si hay demasiados objetivos y los vendedores puedan dispersar su esfuerzo en demasiadas áreas.

Objetivos	ENE	FEB	MAR	ABR	MAY	JUN	JUL	AGO	SEP	OCT	NOV	DIC
Ventas	60	60	60	60	60	60	60	60	60	60	60	60
Margen												
Visitas	30	20	20	20	20	20	20	20	20	20	20	20
Pedidos		10	10	10	10							
C. nuevos		10	10									
C. pedidos						10	10	10				
C. totales												
Reclamaciones				10								20
Información									10	10	10	
Nuevo producto					10	10	10	10	10	10	10	

 **UFV** | Editorial   Jesús Sánchez Cotobal

Ejemplo Prima con Multiplicidad de Objetivos:

Ejemplo para Enero

1. **Datos de enero:**
   - Ventas (V) = 60%
   - Margen (M) = 60%
   - Pedidos (P) = 10%
   - Clientes nuevos (N) = 10%

2. **Cálculo de la Prima:**

Sumamos los valores de los objetivos para enero:

$$V + M + P + N = 60 + 60 + 10 + 10 = 140$$

Aplicamos el porcentaje de la prima (10%):

$$Prima = 10\% \times 140 = 0{,}10 \times 140 = 14$$

Por lo tanto, la prima para el mes de enero sería **14 unidades.**

Distribución de la prima entre Múltiples Objetivos

Gráfico explicativo

Un gráfico circular puede mostrar cómo se distribuyen las primas entre los diferentes objetivos (ventas, márgenes, pedidos, nuevos clientes), representando cada sector un porcentaje de la prima total.

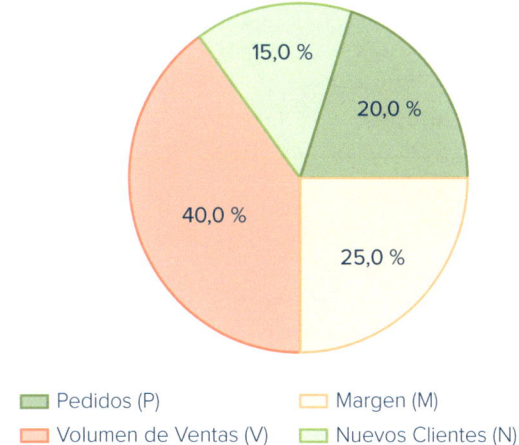

- Pedidos (P)
- Volumen de Ventas (V)
- Margen (M)
- Nuevos Clientes (N)

Conclusión

A partir de todos los modelos propuestos, se puede ver que no existe un sistema de remuneración ideal para todas las empresas. Cada organización debe elegir el sistema que mejor se adapte a sus necesidades y objetivos. Los sistemas combinados y los modelos de remuneración proporcionan flexibilidad y permiten a las empresas ajustar los incentivos según las circunstancias cambiantes del mercado. Cada uno de los modelos explicados puede ser una herramienta poderosa para dirigir los esfuerzos de los vendedores hacia los objetivos que la empresa considera prioritarios.

3.4 Casos de estudio

1. Modelo de Meret y Dervaux en Pfizer

Pfizer, una de las farmacéuticas más grandes del mundo, ha utilizado modelos avanzados para incentivar a su equipo de ventas, especialmente en productos clave como Comirnaty, su vacuna contra la COVID-19, que generó aproximadamente 37 mil millones de dólares en ingresos en 2021. Un sistema como el Modelo de Meret y Dervaux sería ideal para productos de alto valor como este, donde los vendedores son incentivados a cumplir y superar objetivos estrictos relacionados con la distribución y venta de la vacuna en diferentes mercados globales (Pfizer, 2022).

En este sistema, la prima depende del porcentaje del objetivo alcanzado por el vendedor, lo cual es crucial para Pfizer, dado que los vendedores manejan grandes volúmenes y se espera que cumplan metas específicas para distintos segmentos del mercado. Este tipo de remuneración ayuda a alinear los esfuerzos comerciales con los objetivos globales de la empresa, como maximizar la venta de vacunas y otros productos farmacéuticos clave.

2. Prima por Realización Anticipada o Superación del Objetivo en Sanofi

Sanofi ha utilizado un enfoque basado en primas por superación de objetivos para productos clave como Dupixent, un medicamento innovador en el tratamiento del asma y la dermatitis atópica, que generó más de 8 mil millones de euros en ventas en 2022. En el contexto de lanzamientos acelerados, este modelo incentiva a los vendedores a cumplir objetivos rápidamente o incluso a superarlos, lo cual es crítico en una fase de expansión del mercado de productos nuevos (Sanofi, 2022).

El modelo de prima por realización anticipada motiva a los vendedores a superar las metas en un plazo más corto del estimado. En el caso de Sanofi, esta estrategia es importante cuando se introducen productos nuevos en mercados emergentes, donde el tiempo de respuesta es clave para capturar cuota de mercado antes de que la competencia se fortalezca.

3. Sistema OPR (Objetivo-Previsión-Resultado) en Grifols

Grifols es un claro ejemplo de una empresa que podría beneficiarse del Sistema OPR. Con productos como ALBUTEIN FlexBag™ y su inmunoglobulina subcutánea, la planificación precisa de ventas es crucial debido a las fluctuaciones en la demanda y la oferta de plasma. El sistema OPR premia tanto el volumen de ventas como la precisión en las previsiones, lo que es vital para Grifols, ya que deben gestionar de manera eficiente su capacidad de producción y evitar costos innecesarios asociados con el almacenamiento o la falta de producto.

Las previsiones precisas son esenciales para Grifols, especialmente en un mercado con restricciones de producción debido a la dependencia del plasma. Si un vendedor prevé correctamente la demanda y cumple con los objetivos, recibe una prima adicional. Por ejemplo, en 2021, Grifols expandió su red de centros de donación de plasma, lo que requería una previsión precisa de cuántas unidades podrían recolectarse y procesarse.

4. Prima con Ponderación Diferenciada por Gama de Productos en GSK

GSK, que produce una gama de productos que incluye medicamentos, vacunas y productos de consumo, utiliza un sistema de ponderación diferenciada para priorizar ciertos productos estratégicos. En 2022, la empresa reportó ventas de 34 mil millones de libras, con productos clave como la vacuna Shingrix contra el herpes zóster y su línea de productos respiratorios (GSK, 2022).

En este modelo, GSK puede asignar mayores ponderaciones a productos como Shingrix, que se espera que crezcan significativamente, mientras que otros productos menos prioritarios reciben una ponderación menor. De esta forma, los vendedores están incentivados a dirigir sus esfuerzos hacia productos de mayor impacto para la empresa.

5. Prima con Multiplicidad de Objetivos en Abbott

Abbott Laboratories maneja una amplia gama de productos en farmacéutica y dispositivos médicos. En productos como FreeStyle Libre, un sistema de monitoreo continuo de glucosa, Abbott ha utilizado un enfoque de multiplicidad de objetivos que permite a los vendedores no solo maximizar las ventas, sino también mejorar la retención de clientes y expandir la adopción de nuevas tecnologías. En 2022, este producto generó ventas por 4 mil millones de dólares (Abbott, 2022) .

El sistema de multiplicidad de objetivos le permite a Abbott motivar a su equipo de ventas a cumplir varias metas al mismo tiempo, como aumentar el volumen de ventas, captar nuevos clientes y expandir la participación de mercado en mercados clave como EE.UU. y Europa.

3.5 Análisis DAFO: análisis del presupuesto de ventas de Rovi (¿cómo se asume que se está haciendo?)

≡ Estructura actual de la fuerza de ventas de Rovi

La compañía cuenta con un equipo comercial compuesto por más de 250 representantes en España, distribuidos estratégicamente por áreas terapéuticas específicas para maximizar la efectividad de sus ventas. Estos equipos incluyen un grupo especializado en Bemiparina (Hibor), otro dedicado a productos de salud mental, un equipo enfocado en productos de atención primaria, y un equipo especializado en hospitales. *(Laboratorios Rovi, 2023)*

La estructura de la fuerza de ventas de Rovi se organiza a través de Customer Business Units (CBU's), permitiendo un enfoque más especializado y estratégico en cada una de sus áreas terapéuticas clave. Además de esta organización, la compañía también segmenta su equipo comercial por áreas geográficas, con una fuerte presencia en diversas regiones de España, incluyendo Madrid, Barcelona, Andalucía y el País Vasco, lo que optimiza la cobertura nacional y permite una mejor adaptación a las necesidades locales. El enfoque de Rovi es altamente consultivo, lo que implica que su fuerza de ventas no solo se dedica a la promoción de productos, sino que también brinda apoyo científico a los profesionales de la salud, especialmente a los médicos.

Este enfoque consultivo asegura que los representantes puedan proporcionar información técnica detallada, ayudando a los médicos a tomar decisiones informadas sobre el uso de los productos de Rovi, como Bemiparina (Hibor), y otras soluciones terapéuticas especializadas. *(Laboratorios Rovi, 2023)*

≡ Diagnóstico y elección del mejor sistema: Ponderación de objetivos de venta

Para realizar este diagnóstico, se han establecido los objetivos de ventas de Laboratorios Rovi según nuestra opinión. Se consideró su enfoque en productos de alta especialización y su colaboración con Cofares, un distribuidor clave en la industria farmacéutica en España.

Estos objetivos reflejan tanto las necesidades de crecimiento en ventas como los desafíos específicos en la introducción y expansión de productos innovadores (e.g., anticoagulantes de bajo peso molecular y terapias basadas en la tecnología ISM® para condiciones crónicas).

Construcción de la Tabla:

La tabla se construye asignando un puntaje a cada objetivo en una escala del 1 al 10 según su relevancia para Rovi (Ponderación), y una valoración de efectividad (columna V) para cada sistema de remuneración (sueldo fijo, comisión, sueldo + comisión y sueldo + prima). El valor total (P x V) refleja qué tan bien se ajusta cada sistema a cada objetivo específico.

Objetivos	Ponderación	Sueldo		Comisión		Sueldo + Comisión		Sueldo + Prima	
	(P)	(V)	(P x V)	(V)	(P x V)	(V)	(P x V)	(V)	(P x V)
1. Maximización del volumen de ventas	9	2	18	8	72	7	63	5	45
2.Introducción y expansión de nuevos productos especializados	8	3	24	6	48	7	56	9	72
3.Capacitación de cuota de mercado con nuevos clientes estratégicos (hospitales y clínicas)	8	3	24	5	40	6	48	8	64
4.Incentivo a la precisión en las previsiones de ventas (OPR)	8	5	40	6	48	9	72	5	40
5.Superación de objetivos trimestrales en ventas	7	2	14	5	35	7	49	8	56
6.Reducción de costes de administación	5	6	30	4	20	6	30	3	15
7. Rapidez en la expansión geográfica de nuevos productos	9	3	27	5	45	7	63	9	81
8. Flexibilidad para cubrir fluctuaciones en la demanda	6	4	24	5	30	6	36	6	36
Total			221		338		417		409

Justificación de la ponderación de objetivos:

1. **Maximización del Volumen de Ventas (P: 9)** Este objetivo es fundamental para consolidar la posición de Rovi en el mercado de especialidades médicas, asegurando un flujo de ingresos constante. Al incrementar el volumen de ventas, Rovi fortalece su competitividad, especialmente en entornos hospitalarios y de alto consumo. Dado que una base sólida de ingresos es vital para sostener y expandir operaciones, este objetivo recibe una alta ponderación, reflejando su relevancia en el crecimiento sostenido de la empresa.

2. **Introducción Rápida de Nuevos Productos Especializados (P: 8)** La rapidez en la introducción de productos innovadores como Okedi® (liberación prolongada) y Bemiparina permite a Rovi captar ventaja competitiva en mercados especializados. Este objetivo facilita una adopción ágil, permitiendo a los productos alcanzar un mayor nivel de penetración en el mercado de especialidades antes de que la competencia reaccione. En un sector de alta especialización, la capacidad de lanzar productos de forma rápida es crucial, lo que justifica su alta ponderación en el plan de ventas.

3. **Captación de Cuota de Mercado en Nuevos Clientes Estratégicos (P: 8)** La colaboración con Cofares apoya la captación de hospitales y clínicas, que representan clientes estratégicos de alta recurrencia y volumen. Fortalecer la relación con estos

centros de atención es vital para consolidar la presencia de Rovi en el sector de especialidades. Esta cuota de mercado permite que los productos innovadores de Rovi se distribuyan de manera eficaz, especialmente en puntos clave del mercado de salud, contribuyendo al crecimiento de la demanda en áreas de alto valor institucional.

4. **Incentivo a la Precisión en las Previsiones de Ventas (P: 8)** La precisión en previsiones es crucial para gestionar eficientemente el inventario, evitar sobreproducción y prevenir desabastecimientos. En el sistema OPR, que Rovi actualmente utiliza, este objetivo es prioritario, ya que la alineación de las previsiones con las metas de ventas asegura una gestión operativa eficiente, evitando costos innecesarios. La exactitud en las previsiones facilita la planificación y asegura que las ventas se ajusten a los objetivos estratégicos de la empresa.

5. **Superación de Objetivos Trimestrales en Ventas (P: 7)** Dividir las metas en objetivos trimestrales permite un monitoreo más preciso y continuo del rendimiento del equipo de ventas, incentivando un desempeño estable y sostenido. Esta segmentación facilita el ajuste de estrategias periódicas, mejorando la capacidad de respuesta a las condiciones del mercado y maximizando la rentabilidad a través de la optimización del desempeño en intervalos regulares.

6. **Reducción de Costes de Administración (P: 5)** Minimizar los costos administrativos permite a Rovi optimizar sus recursos, elevando la rentabilidad general. Aunque no es un objetivo de ventas directo, es esencial para asegurar que los fondos se destinen de manera eficiente. Mantener los costos bajos permite a Rovi aumentar sus inversiones en áreas estratégicas, como la expansión de productos y el desarrollo de nuevas soluciones.

7. **Expansión Geográfica y Cobertura a través de Cofares (P: 9)** La colaboración con Cofares facilita que Rovi logre una amplia cobertura en el territorio nacional, optimizando la distribución en farmacias y hospitales clave. Esto permite a Rovi asegurar la cuota de mercado en nuevos puntos de venta y maximizar el alcance de productos innovadores. La expansión geográfica se apoya en la red de Cofares, que mejora la rapidez y efectividad en la distribución de productos, asegurando que estén disponibles en las áreas estratégicas de salud.

8. **Flexibilidad para Cubrir Fluctuaciones en la Demanda (P: 6)** La capacidad de adaptarse a cambios en la demanda asegura la disponibilidad continua de productos, evitando problemas de stock en un mercado con variaciones. Este objetivo es relevante para mantener la estabilidad en los canales de venta indirecta, como farmacias, y asegurar que la fuerza de ventas pueda responder rápidamente a las necesidades del mercado sin interrupciones en la distribución.

Análisis de los resultados

En esta evaluación, el sistema de Sueldo + Comisión, obtiene la puntuación más alta (417 puntos), confirmando su alineación con los objetivos actuales de Rovi, especialmente en términos de precisión de previsiones y volumen de ventas. La tabla ofrece

una evaluación imparcial de los sistemas de remuneración de acuerdo con los objetivos estratégicos de Rovi, permitiendo utilizarla como base para cualquier análisis de mejora en la estrategia de remuneración.

Diagnóstico del Sistema de Remuneración Actual de Rovi (OPR)

El sistema de remuneración que actualmente se diagnostica en Laboratorios Rovi es el de **Objetivo-Previsión-Resultado (OPR),** basado en una estructura de Sueldo + Comisión. Este modelo se enfoca en recompensar a los vendedores tanto por alcanzar el volumen de ventas como por la precisión en sus previsiones, lo cual es crucial para gestionar adecuadamente el inventario, minimizar costos y asegurar la alineación con los objetivos estratégicos de la empresa.

El diagnóstico del uso del sistema OPR en Rovi se justifica en función de los siguientes aspectos:

1. **Foco en la precisión de las previsiones:** El sistema OPR incentiva la exactitud en las previsiones de ventas, asegurando una alineación entre los objetivos de la fuerza de ventas y las necesidades de planificación de la empresa, especialmente en productos de alta especialización y demanda hospitalaria.
2. **Maximización del volumen de ventas:** La estructura de Sueldo + Comisión permite a Rovi incentivar a los vendedores a alcanzar un volumen de ventas elevado, lo cual es clave para consolidar su posición en el mercado de especialidades médicas y farmacéuticas.
3. **Adaptabilidad a las relaciones con distribuidores:** Con la colaboración de Cofares como distribuidor mayorista, el sistema OPR permite gestionar eficazmente la previsión y demanda en canales específicos, garantizando el cumplimiento de los objetivos de distribución sin la necesidad de incentivos adicionales como primas por rendimiento excepcional.

Análisis DAFO del Sistema Actual (OPR) en Rovi en el mercado nacional

El análisis DAFO proporciona una visión integral de las fortalezas, debilidades, oportunidades y amenazas del sistema OPR, evaluando cómo su estructura de remuneración afecta la estrategia de ventas de Rovi y planteando el escenario para un modelo potencialmente más efectivo.

Fortalezas
- **Precisión en la planificación de ventas:** La estructura del sistema OPR permite a Rovi realizar previsiones precisas y planificar inventarios, lo cual es crucial para responder de forma efectiva a las demandas del mercado español sin generar excesos ni faltantes en la distribución.
- **Incentivo directo para alcanzar volumen de ventas:** El sistema Sueldo + Comisión asegura que el equipo de ventas se enfoque en maximizar las ventas, lo que es fundamental para mantener una alta rotación de productos en el mercado español.
- **Alineación con los objetivos de mercado nacional:** El sistema OPR permite a Rovi coordinar sus esfuerzos de ventas con la red de Cofares, maximizando la disponibi-

lidad de sus productos en puntos clave dentro de España, tanto en farmacias como en hospitales.

Debilidades

- **Enfoque limitado en la superación de objetivos:** Dado que el sistema OPR incentiva principalmente el cumplimiento de objetivos y la precisión en previsiones, no fomenta que el equipo de ventas busque resultados excepcionales, como la superación significativa de los objetivos de cuota de mercado en España.
- **Falta de incentivo para la anticipación de objetivos:** Este sistema no motiva a la fuerza de ventas a cumplir metas antes del tiempo previsto, limitando la rapidez con la que se podría responder a nuevas oportunidades de mercado en España, especialmente en momentos de alta demanda.
- **Rigidez en situaciones de demanda fluctuante:** Al no incentivar la superación de previsiones, el sistema OPR puede limitar la flexibilidad en contextos de alta demanda, especialmente en el sector de productos de prescripción en farmacias y hospitales.

Oportunidades

- **Optimización de la relación con Cofares para incrementar la cuota de mercado:** Al fomentar incentivos orientados a superar objetivos de venta, Rovi podría fortalecer la colaboración con Cofares, aumentando la presencia de sus productos en farmacias y hospitales en España y ganando una mayor cuota de mercado.
- **Incremento de la participación de mercado en productos de alta rotación:** Un sistema que motive a superar objetivos puede ayudar a Rovi a consolidar la presencia de sus productos en el mercado español, asegurando una distribución más efectiva en nuevos puntos de venta y maximizando el impacto en el mercado nacional.
- **Cobertura en áreas con baja penetración:** Incentivar el cumplimiento de objetivos en plazos reducidos y la superación de metas permitiría a Rovi aprovechar más eficazmente la red de distribución de Cofares, mejorando su cobertura en zonas de baja penetración en España y ampliando la disponibilidad de productos en diversas comunidades autónomas.

Amenazas

- **Competencia con otros laboratorios en el mercado español:** En el ámbito de productos de prescripción y especialidades médicas, otros laboratorios en España pueden adoptar sistemas de incentivos más agresivos, lo cual podría hacer que Rovi pierda cuota de mercado frente a competidores con estructuras de remuneración más orientadas a resultados excepcionales.
- **Dependencia de la red de Cofares:** Al depender de la red de Cofares para una cobertura nacional, cualquier cambio o prioridad en la relación de Cofares con otros laboratorios podría impactar la distribución de Rovi, limitando su presencia en farmacias y hospitales si no se cumplen los objetivos de distribución.
- **Motivación insuficiente para un rendimiento excepcional:** La estructura de OPR no fomenta consistentemente la superación de metas, lo que puede reducir la competitividad de Rovi en el mercado, en comparación con otros laboratorios que implementan incentivos adicionales para lograr un desempeño sobresaliente.

Conclusiones del análisis

El análisis DAFO del sistema OPR evidencia que, si bien es efectivo para asegurar previsiones precisas y una base de ingresos estable, presenta limitaciones cuando se trata de estimular una expansión agresiva de cuota de mercado en el territorio español. Un modelo de remuneración orientado a incentivar la superación de objetivos y el cumplimiento anticipado de metas permitiría a Rovi aprovechar al máximo su relación con Cofares, impulsando una mayor penetración y mejorando su posición competitiva en el mercado nacional.

4 "El vendedor desafiante"

4.1 Introducción a El Vendedor Desafiante

El concepto de "El Vendedor Desafiante" presenta un enfoque novedoso en el mundo de las ventas, donde los mejores vendedores no se limitan a cumplir con las necesidades del cliente, sino que los desafían a pensar de manera diferente y a encontrar nuevas oportunidades de negocio. Esta manera de pensar es muy útil en sectores como el farmacéutico, donde los productos son complejos y las decisiones pueden implicar diversas partes interesadas.

Según Matthew, los vendedores desafiantes se destacan por:

1. **Enseñar:** Aportan perspectivas nuevas que los clientes no habían considerado.

2. **Adaptar:** Personalizan sus enfoques para ajustarse a las necesidades particulares de cada cliente.

3. **Tomar el control:** Gestionan la conversación de ventas, incluso en temas delicados como el precio, de una manera que empodera al cliente para tomar decisiones mas informadas.

En relación con esta asignatura de "Dirección Comercial y Ventas" se pueden considerar varios puntos. En un principio la asignatura enfatiza la importancia de no solo vender productos, sino también soluciones completas. Este enfoque desafiante permite a los vendedores de Rovi posicionarse como consultores de confianza (ventas consultivas). Asimismo crear un equipo de vendedores desafiantes requiere una formación especializada, lo que impacta directamente en el presupuesto de la fuerza de ventas.

4.2 Principios clave aplicados a la industria farmacéutica y casos de estudio

1. **Innovación en la fuerza de ventas:** Si bien no hay un caso específico de Rovi aplicando "El Vendedor Desafiante", las farmacéuticas en general, al introducir productos altamente innovadores (como los biológicos y biosimilares), deben adoptar una estrategia de ventas desafiante, educando a los médicos y clientes sobre nuevos enfoques en tratamiento. Por ejemplo, las ventas de enoxaparina, un anticoagulante producido por Rovi, requieren que el equipo de ventas explique y demuestre cómo la forma de administración de este medicamento tiene beneficios adicionales sobre los competidores.

2. **Presupuestos efectivos para la fuerza de ventas:** Los presupuestos de una fuerza de ventas farmacéutica suelen asignarse en función de la segmentación de los clientes (médicos, hospitales, farmacias). Una fuerza de ventas efectiva se asegura de invertir recursos en la educación del cliente, no solo en la promoción directa del producto, lo que se alinea con el enfoque de "El Vendedor Desafiante".

3. **Ejemplo de casos similares en la industria:**
   - Pfizer: Un ejemplo podría ser el enfoque desafiante que tomó Pfizer al vender su vacuna contra la COVID-19, educando a gobiernos y agencias sobre la superioridad de su tecnología de ARN mensajero en comparación con las vacunas tradicionales.
   - Novartis: En la venta de medicamentos oncológicos, Novartis ha utilizado un enfoque que educa a los médicos sobre las nuevas formas de tratamiento y desafía los enfoques convencionales.

Aplicación en el caso de "El Vendedor Desafiante" y presupuestos efectivos:
   - Formación de la fuerza de ventas: Las farmacéuticas que aplican este modelo a menudo invierten fuertemente en la capacitación de su fuerza de ventas, dotándolos de argumentos diferenciadores y técnicos. Rovi o empresas similares, al presupuestar su fuerza de ventas, incluirían costos asociados con la formación de vendedores para que puedan desafiar a sus clientes de manera efectiva.

El modelo se centra en tres pilares clave:
1. **Enseñar:** Educar al cliente, revelándole necesidades o problemas que no ha considerado.
2. **Adaptar:** Personalizar la solución a las circunstancias específicas del cliente.
3. **Controlar:** Mantener una posición firme en las negociaciones, sabiendo cuándo y cómo desafiar las ideas del cliente de manera estratégica.

El modelo de "El Vendedor Desafiante" ha demostrado ser particularmente eficaz en industrias complejas, como la farmacéutica, donde los vendedores deben tener una sólida comprensión técnica de los productos y el mercado para poder proporcionar nuevas perspectivas a sus clientes, ya sean médicos, hospitales o farmacias.

Varias empresas farmacéuticas han adoptado enfoques similares al de "El Vendedor Desafiante", especialmente cuando se trata de introducir innovaciones disruptivas en el mercado. Aquí algunos ejemplos destacados:

≡ Pfizer y la vacuna contra el COVID-19: Pfizer utilizó una estrategia de ventas desafiante cuando lanzó su vacuna de ARN mensajero, una tecnología novedosa. En lugar de simplemente vender un producto, educó a gobiernos y organismos de salud sobre las ventajas de esta nueva tecnología frente a las vacunas tradicionales, desafiando las ideas preconcebidas sobre la efectividad y seguridad de las vacunas.

≡ Novartis en oncología: En la venta de medicamentos oncológicos, Novartis ha adoptado un enfoque desafiante al educar a los oncólogos sobre nuevas formas de tratamiento, como las terapias génicas, que representan un cambio radical frente a los tratamientos convencionales.

4.3 Análisis DAFO:
¿cómo se está aplicando (o no) a Laboratorios ROVI?

El análisis DAFO permite explorar cómo Laboratorios Rovi puede integrar el enfoque de "El Vendedor Desafiante" en su estrategia de ventas. Este enfoque puede potenciar sus esfuerzos comerciales, especialmente en la promoción de productos innovadores, pero también presenta desafíos específicos en el sector farmacéutico.

A continuación, se examinan las fortalezas, debilidades, oportunidades y amenazas que Rovi podría enfrentar al adoptar esta metodología, con el objetivo de comprender cómo maximizar sus beneficios y mitigar posibles dificultades en su aplicación.

Debilidades

1. **Elevados costos de formación:** Implementar el enfoque desafiante requiere una inversión significativa en la capacitación de la fuerza de ventas. Esto implica no solo un costo directo en formación, sino también en tiempo y recursos que podrían afectar otros proyectos comerciales.
2. **Resistencia al cambio:** Los equipos de ventas tradicionales pueden mostrar resistencia a adoptar un enfoque desafiante, especialmente si están acostumbrados a un modelo de venta más convencional. Rovi podría enfrentar obstáculos en la adopción del cambio cultural necesario para este enfoque.
3. **Dependencia de una estructura jerárquica:** La venta desafiante implica empoderar a los vendedores para tomar el control de la conversación, lo cual puede ser complicado en una empresa con estructuras jerárquicas rígidas o procesos estrictamente controlados.

Amenazas

1. **Competencia intensa en el sector farmacéutico:** Competidores que también adopten enfoques desafiantes pueden reducir la ventaja competitiva de Rovi. Además, algunos competidores ya han implementado esta estrategia, como Pfizer y Novartis, que cuentan con mayores recursos para formar a sus equipos.
2. **Cambio en regulaciones:** Las normativas en el sector farmacéutico son estrictas, y el enfoque desafiante puede chocar con ciertos requisitos legales o éticos, especialmente en temas sensibles como la promoción de medicamentos innovadores.
3. **Reticencia del cliente:** Médicos y otros clientes del sector pueden ser escépticos ante un vendedor que desafíe sus conocimientos y enfoques convencionales, lo que podría afectar la relación y dificultar la venta.

Fotalezas

1. **Conocimiento especializado:** Rovi cuenta con una fuerza de ventas técnicamente capacitada y con conocimiento profundo de sus productos, lo cual es una ventaja para aplicar el modelo desafiante en temas complejos como los anticoagulantes.
2. **Innovación en productos:** Al ofrecer productos innovadores, como los biosimilares, Rovi puede aprovechar el enfoque desafiante para diferenciarse y mostrar cómo sus productos superan las alternativas convencionales en el mercado.

3. **Flexibilidad en adaptarse al cliente:** La experiencia de Rovi en adaptar sus estrategias a diferentes segmentos (médicos, hospitales, farmacias) facilita la personalización del enfoque desafiante, permitiendo a su equipo de ventas ajustar los mensajes a las necesidades específicas de cada tipo de cliente.

Oportunidades

1. **Creciente interés en la educación médica:** A medida que los profesionales de la salud valoran más la educación continua, el modelo desafiante representa una oportunidad para que Rovi posicione a su equipo como consultores de confianza, que aportan nuevas perspectivas y soluciones.

2. **Avances en productos farmacéuticos innovadores:** El lanzamiento de nuevos productos permite a Rovi desafiar las percepciones tradicionales del tratamiento en áreas como la hematología y la terapia oncológica.

3. **Capacitación especializada en ventas:** La creciente disponibilidad de programas formativos en ventas desafiantes ofrece a Rovi la oportunidad de formar a su equipo de ventas con métodos modernos que promuevan una venta consultiva y orientada al cliente.

Propuestas Best Practice

5.1 Best Practice: Presupuesto de la fuerza de ventas

5.1.1 PROPUESTA

Acorde con el análisis DAFO previamente realizado, la propuesta de mejor práctica se basa en la implementación del modelo de remuneración de Prima por Realización Anticipada o Superación del Objetivo. Esta propuesta tiene como objetivo fortalecer la colaboración con Cofares al incentivar a sus equipos de distribución en la obtención de resultados excepcionales. Esta prima se otorgará si:

1. **Se supera el objetivo de ventas antes del plazo fijado,** maximizando así la velocidad de distribución y el acceso a nuevos puntos de venta dentro de España.
2. **Se alcanza o supera el volumen de ventas objetivo,** lo cual incrementará la cuota de mercado en el sector nacional y garantizará una mayor penetración en zonas estratégicas.

A partir de la tabla de objetivos de la fuerza de ventas realizada anteriormente, se justifica la implementación de este nuevo modelo:

- **Maximización del volumen de ventas (P: 9):** Este sistema incentiva a los equipos de ventas a cumplir metas superiores, maximizando la rotación y el acceso a productos de alta demanda, fortaleciendo la posición de Rovi en el mercado español.
- **Introducción rápida de nuevos productos especializados (P: 8):** La rapidez en la introducción permite aprovechar las capacidades de distribución de Cofares y lograr una mayor agilidad en la entrada de productos en farmacias y hospitales, asegurando una cobertura nacional más rápida y eficaz.
- **Captación de cuota de mercado en nuevos clientes estratégicos (P: 8):** Este modelo motiva la captación y consolidación de nuevos clientes estratégicos, como hospitales y clínicas, apoyándose en la colaboración con Cofares para asegurar que los productos de Rovi lleguen a puntos de venta clave, aumentando la cuota de mercado.
- **Expansión geográfica y cobertura nacional (P: 9):** Incentivar a Cofares y al equipo de ventas de Rovi a cumplir y superar objetivos facilita la penetración en regiones con menor presencia, optimizando el impacto de la red de distribución en toda España y asegurando una mayor cobertura geográfica.

5.1.2 INDICADORES DE ÉXITO (KPI'S):

Para medir la efectividad de la propuesta, se establecen los siguientes KPI's:

1. **Tasa de Cumplimiento Anticipado de Objetivos:** Porcentaje de objetivos alcanzados antes del plazo estipulado.
2. **Porcentaje de Superación de Objetivos de Ventas:** Medida de qué tan frecuente y por cuánto se superan los objetivos de ventas establecidos.
3. **Incremento en la Cuota de Mercado Nacional:** Aumento en la participación de Rovi en el mercado español.
4. **Cobertura de Nuevas Zonas Geográficas:** Número de nuevas farmacias y hospitales en los que los productos de Rovi están disponibles a través de Cofares.
5. **Tiempo de Introducción de Nuevos Productos en el Mercado Nacional:** Reducción en el tiempo que toma la entrada de nuevos productos en el mercado a través de la red de Cofares.

5.1.3 VIABILIDAD DE LA PROPUESTA: PROS Y CONTRAS

Pros:

☰ **Incentivo para el rendimiento excepcional:** Este sistema motiva tanto a los equipos de Rovi como a los colaboradores de Cofares a superar las expectativas de ventas y distribución, lo cual maximiza la efectividad de la red nacional de Cofares.

☰ **Mejor cobertura en el mercado español:** Incentivar el cumplimiento anticipado y la superación de objetivos permite a Rovi extender su presencia en farmacias y hospitales clave en toda España.

☰ **Optimización de la relación con Cofares:** Establecer un acuerdo de incentivos fortalece la colaboración con Cofares, mejorando la coordinación y asegurando que ambas partes trabajen alineadas hacia un objetivo común.

Contras:

☰ **Costo adicional de implementación:** La prima por superación o cumplimiento anticipado puede incrementar los costos de remuneración, afectando los márgenes en el corto plazo.

☰ **Posible desgaste de la fuerza de ventas:** La presión constante por alcanzar o superar objetivos en menor tiempo puede generar agotamiento en el equipo de ventas y en los colaboradores de Cofares.

☰ **Dependencia en la red de Cofares:** Si la relación con Cofares se debilita o el mayorista prioriza otros clientes, Rovi podría enfrentar dificultades para mantener su cuota de mercado en España.

5.2 Best Practice: "El vendedor desafiante".

5.2.1 PROPUESTA

El objetivo de esta propuesta es transformar el enfoque de ventas de Laboratorios ROVI mediante la adopción del modelo de El Vendedor Desafiante. Esta práctica permitirá a los vendedores de ROVI no solo promocionar productos farmacéuticos, sino también actuar como consultores especializados que desafían las suposiciones de los clientes y presentan soluciones innovadoras. La estrategia se enfocará en educar a los clientes (médicos, hospitales y farmacias) sobre los beneficios únicos de los productos de ROVI, promoviendo una relación de confianza y posicionando a la empresa como líder en soluciones de salud innovadoras.

Estrategia para la transformación del equipo de ventas El modelo de "El Vendedor Desafiante" se basa en tres pilares fundamentales: Enseñar, Adaptar y Tomar el Control, que serán aplicados en cada etapa del proceso de ventas de ROVI:

1. **Enseñar**
   Los vendedores de ROVI serán capacitados para presentar a sus clientes perspectivas y soluciones innovadoras que ellos no hayan considerado previamente. Este aspecto es clave en la industria farmacéutica, donde educar a los médicos y especialistas es esencial. Por ejemplo, al vender un producto como la enoxaparina, los vendedores podrán explicar no solo los beneficios médicos, sino también cómo su forma de administración y perfil de seguridad la diferencian de los competidores.

2. **Adaptar**
   La capacidad de personalizar la presentación de cada producto a las necesidades específicas de cada cliente es esencial para construir una relación consultiva y de confianza. Los vendedores adaptarán su mensaje y tono de acuerdo con el tipo de cliente, ya sea un médico, hospital o farmacia, demostrando una comprensión profunda de las particularidades y desafíos de cada segmento.

3. **Tomar el Control**
   Los vendedores aprenderán a gestionar la conversación de ventas y a abordar temas delicados como el precio de manera que empoderen al cliente para tomar decisiones informadas. Esto será especialmente útil en la industria farmacéutica, donde los profesionales a menudo son cautelosos en la adopción de nuevos productos, y un enfoque desafiante permite resolver dudas y aportar seguridad.

Implementación de la propuesta

La aplicación exitosa del modelo desafiante requerirá un plan estructurado de capacitación y adaptación cultural dentro de ROVI. Las etapas clave para la implementación incluyen:

1. **Programa de capacitación inicial:** Un programa de entrenamiento intensivo sobre el enfoque desafiante y sus aplicaciones prácticas en productos farmacéuticos, especialmente en aquellos productos innovadores de ROVI.

2. **Integración con las metas comerciales:** Alinear el enfoque desafiante con los objetivos de ventas y crecimiento de ROVI, asegurando que los esfuerzos del equipo contribuyan directamente a los resultados esperados.

3. **Evaluación y ajuste continuo:** Medir el impacto de esta estrategia mediante evaluaciones de desempeño y retroalimentación de los clientes, adaptando el enfoque según sea necesario para optimizar los resultados.

5.2.2 PLAN DE ACCIÓN

1. **Formación Especializada:**
   - ☐ Desarrollar un programa de formación específico para los vendedores de ROVI, centrado en los principios de Enseñar, Adaptar y Tomar el Control.
   - ☐ Realizar sesiones prácticas en ventas consultivas y técnicas de negociación, con un enfoque especial en el control de la conversación.
   - ☐ Capacitar a los vendedores en conocimientos técnicos avanzados sobre los productos y sus diferencias con la competencia.

2. **Segmentación y Personalización del Mensaje:**
   - ☐ Segmentar a los clientes en grupos homogéneos (ej. médicos, farmacias, hospitales) y adaptar el mensaje para cada segmento, destacando los beneficios únicos según las necesidades de cada cliente.
   - ☐ Crear materiales de apoyo personalizados que ayuden a los vendedores a abordar los desafíos específicos de cada cliente.

3. **Desarrollo de Materiales de Valor Agregado:**
   - ☐ Diseñar guías y presentaciones educativas que muestren perspectivas nuevas sobre los productos, como estudios de caso, resultados de investigación y comparativas de eficacia.
   - ☐ Implementar el uso de herramientas digitales (apps o tablets) que faciliten el acceso a esta información en tiempo real durante las visitas de ventas.

4. **Estrategia de Feedback Continuo:**
   - ☐ Establecer un sistema de retroalimentación mensual con los vendedores para analizar los desafíos enfrentados y ajustar la estrategia de ventas.
   - ☐ Incorporar una estructura de mentoría donde vendedores más experimentados en el modelo desafiante guíen a otros en la práctica de estas técnicas.

5. **Asignación de Recursos:**
   - ☐ Asegurar que los vendedores cuenten con un presupuesto adecuado para materiales educativos y herramientas digitales necesarias para implementar el modelo.
   - ☐ Asignar recursos financieros para la formación continua y la creación de contenido personalizado para los clientes.

5.2.3 INDICADORES DE ÉXITO (KPI'S)

1. **Aumento en la tasa de cierre de ventas:** Medir el porcentaje de ventas cerradas en relación con las oportunidades creadas, especialmente en productos nuevos e innovadores.

2. **Nivel de satisfacción del cliente:** Evaluar la satisfacción de los clientes a través de encuestas que reflejen su percepción del valor agregado y la utilidad de las propuestas de ROVI.

3. **Tiempo promedio de venta:** Monitorear la reducción en el tiempo necesario para cerrar una venta, lo que indicaría una mayor efectividad en la comunicación y persuasión.

4. **Retención de clientes:** Medir la tasa de retención de clientes en el segmento farmacéutico, verificando si la implementación del modelo desafiante ha mejorado la fidelización.

5. **Incremento en la participación de mercado:** Evaluar el crecimiento en la cuota de mercado de ROVI en productos clave, como la enoxaparina, para verificar si el enfoque desafiante está generando resultados.

6. **Feedback positivo sobre el equipo de ventas:** Recabar y analizar la retroalimentación de los clientes sobre la capacidad del equipo de ventas para aportar perspectivas innovadoras.

5.2.4 VIABILIDAD DE LA PROPUESTA: PROS Y CONTRAS

Pros

1. **Diferenciación en el mercado**
   La implementación del enfoque desafiante posiciona a ROVI como una empresa que ofrece algo más allá de los productos farmacéuticos estándar. Al desafiar las ideas convencionales y educar a sus clientes sobre los beneficios únicos de sus productos, ROVI se convierte en un referente de innovación en el sector. Este valor agregado es especialmente útil para promover productos complejos, como los biosimilares y anticoagulantes, donde una diferenciación clara puede marcar la diferencia frente a la competencia.

2. **Fortalecimiento de la relación con los clientes**
   Al adoptar un rol de consultores estratégicos, los vendedores de ROVI pueden construir relaciones más fuertes y duraderas con los clientes. Este modelo consultivo crea un vínculo de confianza, ya que médicos, hospitales y farmacias ven a ROVI como un aliado que se preocupa por su éxito, en lugar de un simple proveedor. Esta relación de confianza aumenta las probabilidades de colaboraciones a largo plazo y fomenta la preferencia de los clientes por los productos de ROVI.

3. Aumento en la fidelización y satisfacción del cliente

La capacidad de identificar necesidades no detectadas y de personalizar las soluciones de acuerdo a cada cliente genera un impacto positivo en su percepción y satisfacción. ROVI no solo se centra en vender, sino en aportar valor real y específico, lo que hace que los clientes confíen y valoren su propuesta. Clientes satisfechos son más propensos a permanecer leales a la marca y a recomendarla a otros en el sector, lo cual amplía el reconocimiento de la empresa.

4. Mejora en la eficiencia de ventas

La formación en ventas consultivas, además de ayudar a los vendedores a anticipar dudas y objeciones, también agiliza el proceso de cierre de ventas. Al personalizar el enfoque y demostrar un profundo conocimiento del producto, los vendedores pueden reducir el ciclo de ventas, incrementando así la productividad y maximizando el retorno de la inversión en la fuerza de ventas. Esta mejora en la eficiencia permite al equipo de ROVI gestionar más clientes en menos tiempo y con resultados de mayor calidad.

Contras

1. Costos elevados de implementación

Adoptar este modelo implica una inversión significativa, tanto en formación como en herramientas y materiales educativos necesarios para apoyar el enfoque desafiante. La especialización de los vendedores y el desarrollo de recursos adaptados a cada cliente requieren asignaciones presupuestarias específicas. Además, el mantenimiento de esta estrategia exige una actualización constante para seguir siendo eficaz, lo cual representa un costo adicional.

2. Resistencia al cambio

La transición hacia el enfoque desafiante podría encontrar resistencia en vendedores acostumbrados a métodos de ventas tradicionales. Para muchos, el rol de consultor estratégico puede parecer poco familiar o incluso incómodo. Gestionar esta resistencia requerirá de un liderazgo claro y una comunicación efectiva, que hagan ver al equipo los beneficios del modelo y cómo se alinea con los objetivos de la empresa, asegurando su adopción progresiva.

3. Riesgo de sobrecarga de trabajo

Personalizar los mensajes y adaptar el enfoque para cada cliente puede aumentar la carga de trabajo de los vendedores, ya que implica preparación adicional para cada interacción. Sin una adecuada gestión de recursos y planificación, este enfoque personalizado podría generar agotamiento en el equipo de ventas. Para mitigar este riesgo, es importante que ROVI estudie la posibilidad de implementar herramientas o procesos que optimicen esta personalización sin sobrecargar al equipo.

4. Dependencia de la formación continua

La efectividad del modelo "El Vendedor Desafiante" depende en gran medida de la actualización continua en técnicas de venta y del conocimiento técnico de los productos. En una industria tan dinámica como la farmacéutica, esto puede resultar demandante tanto en tiempo como en recursos. ROVI deberá comprometerse

a mantener una capacitación constante, lo cual puede representar un desafío presupuestario y operativo.

Conclusión

La implementación del modelo "El Vendedor Desafiante" ofrece a ROVI oportunidades significativas para diferenciarse y fortalecer las relaciones con sus clientes. Los beneficios en fidelización y eficiencia de ventas son atractivos, aunque la estrategia también conlleva desafíos que exigen una inversión en formación y un cambio de mentalidad en el equipo de ventas. Si estos aspectos se gestionan correctamente, ROVI podrá consolidarse como una empresa innovadora y de confianza en el sector farmacéutico, ganando ventaja competitiva y mejorando su posicionamiento a largo plazo.

6 Conclusiones

En conclusión, el estudio de los diferentes modelos de incentivos y estrategias comerciales para Rovi muestra la relevancia de implementar sistemas de remuneración adaptados a sus objetivos estratégicos. La adopción de modelos como el OPR, centrado en la precisión de previsiones, y el enfoque de "El Vendedor Desafiante", que posiciona a los vendedores como consultores que aportan valor diferencial, responde a las exigencias del mercado farmacéutico en España y fortalece la relación de Rovi con sus principales distribuidores, como Cofares.

Cada modelo de incentivos permite alinear el rendimiento de la fuerza de ventas con objetivos específicos, como la maximización de ventas, la captación de nuevos clientes estratégicos y la expansión geográfica. El sistema de Sueldo + Comisión, junto con las primas por superación de metas, fomenta la consecución de objetivos comerciales en términos de volumen y velocidad de introducción de nuevos productos. Estos incentivos no solo aumentan la motivación del equipo de ventas, sino que también aseguran una mayor penetración y presencia de los productos de Rovi en el mercado español.

Finalmente, la integración de estas prácticas permite a Rovi optimizar sus operaciones comerciales, aprovechando tanto la innovación en productos como el conocimiento técnico de su fuerza de ventas para consolidarse como un referente en el sector. Esta combinación estratégica fortalece su posición en un mercado competitivo, permitiéndole responder con agilidad a las fluctuaciones de demanda y mantener relaciones de fidelización con los clientes clave.

7 Bibliografía

Libros

SÁNCHEZ COTOBAL, J. (s.f.). *Administración comercial efectiva.*
        Editorial Universidad Francisco de Vitoria.
—   *Píldoras formativas de comercial y de marketing.*
        Editorial Universidad Francisco de Vitoria.

Páginas web
ABBOTT. (2022). *Annual report.*
            https://www.abbott.com
GRIFOLS. (n.d.). Grifols.
            https://www.grifols.com/en/home
GSK. (n.d.). GSK.
            https://www.gsk.com/en-gb/
PFIZER. (n.d.). Pfizer.
            https://www.pfizer.com
SANOFI. (2022). Financial results for 2022.
            https://www.sanofi.com